U0821692

穿行 诗与思的边界

Johan Eklöf

OM ARTIFICIELLT
LJUS OCH
HOTET MOT EN
URÅLDRIG RYTM

关于光污染对古老
生命节律的威胁

黑夜宣言

[瑞典]
约翰·埃克洛夫 著
王凯梅 译

MÖRKER MANIFESTET

中信出版集团 | 北京

图书在版编目（CIP）数据
黑夜宣言 ：关于光污染对古老生命节律的威胁 /
（瑞典）约翰 · 埃克洛夫著 ；王凯梅译 . -- 北京 ：中信
出版社，2025. 8. -- ISBN 978-7-5217-7684-3
Ⅰ . Q418-49
中国国家版本馆 CIP 数据核字第 20256GS642 号

MÖRKERMANIFESTET: Om artificiellt ljus och hotet mot en uråldrig rytm by Johan Eklöf
Copyright © Johan Eklöf och Natur och Kultur 2020
Published by agreement with Sebes & Bisseling Literary Agency through The Grayhawk Agency Ltd.
Simplified Chinese translation copyright © 2025 by CITIC Press Corporation
ALL RIGHTS RESERVED
本书仅限中国大陆地区发行销售

黑夜宣言——关于光污染对古老生命节律的威胁

著者： ［瑞典］约翰 · 埃克洛夫
译者： 王凯梅
出版发行：中信出版集团股份有限公司
（北京市朝阳区东三环北路 27 号嘉铭中心 邮编 100020）
承印者： 三河市中晟雅豪印务有限公司

开本：880mm×1230mm 1/32 印张：7.25 字数：145 千字
版次：2025 年 8 月第 1 版 印次：2025 年 8 月第 1 次印刷
京权图字：01–2025–2985 书号：ISBN 978–7–5217–7684–3
定价：68.00 元

版权所有 · 侵权必究
如有印刷、装订问题，本公司负责调换。
服务热线：400–600–8099
投稿邮箱：author@citicpub.com

目 录

中文版序

山中五绝句·洞中蝙蝠

（唐）白居易

千年鼠化白蝙蝠，黑洞深藏避网罗。
远害全身诚得计，一生幽暗又如何。

这首写给蝙蝠的赞美诗，出自唐代诗人白居易。在诗人的描述中，幽暗并不只是光明缺失的状态，也同时指向一个生存之地，一种智慧，一种力量。在中国文化中，蝙蝠与它代表的黑暗一样，象征着财富、健康和长寿。中国人每到春节贴在大门上的“福”字，与“蝠”同音，一个倒挂的“福”字表达“福气到来”。这样的语言游戏也使语言与希望在蝙蝠代表的黑夜魔力加持下，仪式性地完整合体。中国读者自然比我更熟悉钟馗驱鬼的传说，在民间流传的各种钟馗画像中，都有各种姿态的蝙蝠陪伴在他身边。传说，蝙蝠的夜视力帮助钟馗识破妖魔的真面目，而蝙蝠翩跹飞舞的翅膀则带来保护、新生和慰藉。

中国的几千年传统文化，一直把象征黑夜的蝙蝠作为吉祥的象征。表达福、禄、寿、喜、财的“五福”最早出现在殷商时代，直至清朝的官服和器皿上都可以看到蝙蝠和寿桃图案的刺绣和印刻。蝙蝠不仅被视作福气的象征，中国人也相信它的入药治病功效，而最有名的是东晋炼丹术士葛洪笃信蝙蝠长生不老的传说。事实上，蝙蝠虽然活不了 1 000 岁，但确实有活到 40 岁的，对于这样一种肢体小巧的动物，这已经是惊人的高寿了。

但在西方，对蝙蝠和黑暗的联想却完全不是正面的，我作为一名西方人对此其实甚难理解。在西方语境中，对黑暗和蝙蝠的描写，总是与邪恶、未知和恐惧联系在一起，唯有光明才是正义的象征。过去 25 年来，我一直倾心研究蝙蝠，深刻了解到蝙蝠与生俱有的迷人特性，蝙蝠不仅不会伤害人类，反倒是人类的帮手；蝙蝠聪明、智慧、喜爱社交，还拥有较长的寿命。人类社会对蝙蝠的污名化，很大程度上与基督教和美国流行文化的传播有关，在那里，蝙蝠被描绘为潜藏在黑暗中的神秘又邪恶的动物。

在我看来，这是典型的现代传播学建构。其实，无须深究就会发现，许多欧洲民间传说中的蝙蝠与中国人对它们的认识很接近，至少在瑞典，人们相信蝙蝠会带来好运，蝙蝠血还是一剂恋爱良药。自从《黑夜宣言》5 年前首次在瑞典出版以来，越来越多的人开始谈论我们对黑暗的低估甚至忽视，很多人开始发现黑暗的治愈力量，瑞典北方的天文旅行团越来越受欢迎了，许多游客慕名来看北极光。人们对蝙蝠的认识也有了巨大改变，在过去5年里，瑞典的国家蝙蝠协会成员壮大了7倍。这让我看到了希望。

这是一本讲述黑暗的书，但我们都知道中国拥有全世界最多的光亮城市，上海、香港是全球公认的不夜城，那里的夜空比没有光污染的夜空要亮1 200倍。然而，就是在这个世界最亮的中国南方的大湾区，在喧嚣的城市背后，在山海相接的星空下，2023年，经过国际暗夜协会（IDA）的严格鉴定，深圳市的西涌成为中国首个正式认证的国际暗夜社区。这是一个具有历史意义的转折点，是人、自然与城市和谐共生的重要实践。

西涌国际暗夜社区位于深圳市东南端大鹏新区，距离城市中心的直线距离约60公里，拥有深圳最完整的自然生态系统。社区周围三面环山，面向大海，山体对城市光污染起到了很好的遮挡效果。那里最早的村落建于宋代末年（13世纪中叶），现在村内还有诸多文化遗址。当地村民在西涌暗夜社区改造过程中普遍建立了对暗夜的认知，尊重夜之神圣、阴阳并存。

成为国际暗夜社区的条件，不仅仅要夜间关灯，毕竟人类也需要夜间照明，因此精心规划和重新设计照明设备就显得尤其重要，比如灯具的遮蔽屏，灯光照明的方向、色温，动作捕捉探测器和开关计时器。只有去除非必要的照明，才能“释放”夜空，让星星重现天空，让古老的萤火虫之舞在黑暗中现身，让我们重新发现其珍贵难得。在过去数千年的历史长河中，萤火虫一直陪伴着人类，只有在最近几十年里，它们才变得销声匿迹。如今，在暗夜社区，它们可以再次回到现代人类生活中并发挥作用。

社区的照明改造工作不会默默地发生。西涌通过举办各种节庆活动、科学讲座和艺术展览，为当地居民、研究人员和游客共同打造与夜晚共存的新方式。这里，位于西涌的深圳市天文台发挥了重要作用，这个集科研和公益于一体的现代化设施，已成为当地发展夜间文化的中心，每年有 3 万多人来这里仰望夜空，沉醉于无垠的星河之中。

西涌国际暗夜社区是全球“恢复夜晚”运动的一部分，如今，越来越多的城市和社区被设置为特别保护区，以保护其黑暗及居民。这也是未来城市发展的愿景：城市发展并不意味着毁灭自然，人类追求艺术和科学的好奇心可以在受保护的天空下自由驰骋。深圳以西涌国际暗夜社区为例，向世人展示了城市化与保护自然是可以共存的。黑暗不是一定要被填补的空缺，而是留给所有生命畅快呼吸的场域。在这里，萤火虫在银白的沙滩上闪烁，孩子们第一次看到了银河，而人类也可以在没有人造光欺骗身体的情况下自然地入睡。

我在书中提出的“黑夜宣言”也是这一愿景的一部分，是对黑暗的礼赞，是对表达黑暗重要性的故事的宣讲。我们应该与黑夜为友而不是为敌。“黑黑的天空低垂，亮亮的繁星相随，虫儿飞，虫儿飞，你在思念谁？”中国的歌谣和童话中到处散发着对待黑夜的温情，绣在衣服上的蝙蝠图案也在告诉我们黑夜的力量。黑暗中诞生幸福，让我们看清自己。当我们远离光明之城，走进温柔的黑夜时，空气中散发着飞蛾追随夜晚的气息，萤火虫起舞，蝙蝠捕食。让我们再次感受诗人白居易奉献给我们的古老智慧：一生幽暗又如何！

2025 年 5 月

序　言

手电筒的光柱照亮墙上画中一个黑色的魔鬼。那家伙长着一条蛇的尾巴，身体后倾，一对蝙蝠翅膀支棱着。魔鬼张着嘴，正试图吞食一束光，但它显然不敌光的力量，这个黑暗的使者已奄奄一息。位于瑞典西哥特兰省莫塞博村的 18 世纪教堂里，到处可见教堂画家约翰·克里斯托弗·韦斯滕（Johan Christoffer Weisstern）创作的《圣经》题材绘画，在最角落处挂着的，就是这幅不招人喜欢的描绘魔鬼的画。韦斯滕在向人们展示死后地狱中的痛苦磨难，但他或许也是在宣讲人类终能战胜黑暗的信心。在宗教世界里，蝙蝠是魔鬼不洁的随从，它是字面意义和哲学意义上的黑暗代言者，是上帝之光的对立面。然而，颇具讽刺意味的是，教堂建筑恰恰是蝙蝠聚集的栖息地。

我爬上楼梯，穿过一扇小门，进入了教堂塔楼的顶楼。老旧的木地板上散落着成堆的粪便和飞蛾脱落的翅膀，显然，顶楼里住着的是棕色长耳蝙蝠。从塔楼窗口透进的光线逐渐变暗，外面的天空变成了深蓝色，顶楼上夜晚的气息混合了新割的草的香味、柏油味和被阳光晒过的木头的清香，令人心旷神怡。看来今晚蝙蝠不愿在屋檐下露面，于是我走出教堂，朝着笼罩在夏夜中的教堂墓地走去。

很快，蝙蝠从房顶上飞出，一只接一只头朝下扎进最近的树丛和树荫下的阴影中。它们伸展着翅膀，以一种起伏不定的舞姿沿着教堂的红色栅栏滑翔，飞过一排排篱笆，绕着树冠捕食昆虫。对于人类的听觉来说，它们完全是悄无声息的。没过多久，它们不见了踪影，仿佛被黑夜吞噬。

几个世纪以来，人们延续着同样的方法，维护着教堂建筑和它周边的环境，在这个变幻无常的世界里，教堂成为许多动植物得以生存的绿洲。年复一年，蝙蝠在春夏两季迁入塔楼和顶楼，在那里生下它们的幼崽，这样的一幕在瑞典各地的大多数教堂里持续上演着。在 20 世纪 80 年代，西哥特兰省将近 2/3 的教堂都是蝙蝠的栖息地，40 多年后的今天，我和我的同事们在研究中发现这个比例已经降到了 1/3。蝙蝠栖息地减少的原因是什么呢？如果你从莫塞博村教堂向北往布罗斯和乌尔里瑟港一路过去，就会发现其中的原因：尼特村、丹尼可、马布克、韦斯特、赫斯那……一系列的乡村教堂如今都被灯光装饰得如同游乐园，为了突显当地人引以为傲的古建筑的雄姿，各种现代射灯投向教堂。7 000 万年来，一直以黑暗为家，近几个世纪在教堂的黑暗中找到栖身之地的动物，正在缓慢但确定地从这些环境中消失，也许有一天会完全消失？

7 月的那个晚上，我独坐在教堂墓地，陪伴我的不仅有蝙蝠，我还看到了一只久违的刺猬，几只甲壳虫爬过草丛，飞向星空。墓碑上方有石蛾在跳舞，仿佛是墓主人的灵魂在舞动。深陷黑暗中的我放松了下来，白天的各种印象被黑夜的微妙体验取代，视觉渐渐熟悉黑暗的缓慢节奏，就连咖啡的香味好像也不同往常了，我逐渐进入了少有人会花时间去拜访的另一个维度。

夜色已深，此刻享受黑暗的不仅有我和一直陪伴我的刺猬。大自然中的大多数哺乳动物在黄昏时最为活跃，地球上一半多的昆虫都是夜间活动的。近年来，许多关于昆虫大量消失的报道令人忧心，其原因被归结为森林工业、大型农业、环境毒素和气候变化等，但很少有报告谈到光污染。事实上，对光敏感的飞蛾是受影响最严重的物种之一。在黑暗中寻找花蜜的飞蛾很容易被灯光迷惑，它们有时会以为天色已亮而停止飞行；也有的在试图寻找月亮定位时被光束击中，还来不及履行传授花粉的天职就精疲力竭地死去，或沦为森林里动物的食物，使得完成授粉的植物减少。许多人都见到过夜晚的路灯或是门楼灯下绕着灯飞行的昆虫，灯光越强烈，吸引来的昆虫就会越多，从森林到村庄，从农村到城市，耗尽了整个生态系统。

尽管莫塞博村教堂没有外墙照明，但并不是说这里就没有光源透入：教堂外公路上的路灯，邻近城镇的光在天空反射出淡淡的焦黄色。“光污染”一词是对所有被视为过分使用但又对我们人类和生态系统有重大影响的光的总称。最初，这是一个天文学家创造的词，如今所有研究夜晚消失的影响的各学科专家，包括生态学家、生物学家、神经学家都在使用它。光污染已经不只是关于星星和昆虫的事了，它关乎地球上所有生命体，包括人类。从地球诞生的那一刻起，日出日落，昼夜更替，每个生命体的每个细胞都有一个内置的机械结构，与昼夜的节律协调工作，自然光会校准生物钟，控制体内激素和生长过程。

这样的节律一直不受干扰地缓慢进行着，直到 150 年前，灯泡被发明了。如今，路灯、墙面射灯正在以令人不安的速度胜过夜晚的自然光，彻底动摇了地球古老的生命节律。人造光、光污染持续挺进，让鸟儿开始在半夜鸣唱，让海龟的幼崽迷失方向，珊瑚神圣的月下交配仪式也变得越来越罕见。

人类执着于照亮身边世界，使我们的地球从外太空看来如同一个在宇宙的黑暗中燃烧的星球，每一个城市、每一条街道都蜿蜒出长长的灯带，或许这就是我们已经进入了人类活动主宰地球的人类世的最明显标志之一。在我们创造的灯火通明的城市的夜空里，星星消失了，银河变成了遥远的记忆，人类仰望天空时壮观的天穹景象——流星闪耀，极光舞动，我们都将失去。

对许多人来说，光污染仍然是一个陌生的概念，但同时也是一个爆炸性发展的研究领域，在不久的将来，照明很可能会像噪声一样受到严格管制。许多别墅公园和工业建筑采用的以现代二极管为基础的 LED 屏幕或许会是解决问题的方法之一，但人造光不是非黑即白的问题。我们可以通过弱化人造光，让其更符合自然规律，前提是我们愿意主动去这样做。

我希望可以通过这本书让大家认识到黑暗和夜晚对于地球生物的重要性。作为一名蝙蝠研究者，一名夜晚的旅人和黑暗的朋友，我把 20 年来与蝙蝠共同度过的无数夜晚中的思考和观察写出来呈现给读者。我希望这本书能带给你启发，认识到黑暗对于我们的重要性，让黑暗成为我们生活中的一部分，同时也进一步认识人造光带来的后果。这是一部提醒你思考的书，也是一部为自然黑暗发声的激情宣言。

第一章

被污染的光

1. 黑暗的周期

含羞草具有对外界触摸异常敏感的特质，如果你触碰它的草叶，它们就会像伞一样折叠起来，在你眼前枯萎下去。含羞草对昼夜的反应也是如此：白天，它会像天线一样舒展叶子，迎接阳光；到了晚上，叶子就缩成睡觉的姿势。18 世纪的法国天文学家让-雅克·多尔托斯·德梅朗（Jean-Jacques Dortous de Mairan，1678—1771）将一株植物长期放置于黑暗中，然而，当白天到来之际，这株从未见过阳光的植物仍然会舒展叶子。这一发现让德梅朗意识到植物具有某种对阳光做出反应的认知系统，至于它是如何工作的，德梅朗始终没有搞清楚。

直到 20 世纪下半叶，伴随着遗传学的重大突破，这个谜团才被解开。20 世纪 60 年代初期，即将成为生物学家和遗传学家的迈克尔·杨（Michael W. Young，1949— ）开始研究含羞草及其他一些植物在一天之中不同时间的行为。他对生物钟的研究终将伴随他一生，并在 2017 年让他和杰弗里·霍尔

（Jeffrey Hall）、迈克尔·罗斯巴什（Michael Rosbash）共同获得诺贝尔生理学或医学奖，因为他们成功地分离出控制地球上从人类到细菌所有生物生命节律的基因，证实了控制我们饮食和睡眠节奏的生物钟自古以来就与我们同在，并遵循着昼夜更替的节律。

地球在其45亿年的历史中不断地改变形状，这种变化可能是突发的，也可能是缓慢的：山脉诞生，海洋形成，洋流移动，物种诞生或灭绝，就连地球的两个极点也不是固定不变的。比如就在此刻，北极磁点正在以每年10公里的速度，从加拿大北部向东朝西伯利亚移动。然而，地球上有一件事情或多或少是恒定的：那就是昼夜交替，明暗转变；日出东升，日落归西，其后就是夜晚的世界。

不过，昼夜的长短并不是恒定的，现代原子钟告诉我们，地球的自转速度正在放缓，昼夜的时长也因此在慢慢变长，并且白天比晚上更长一点。昼夜时长改变的速度非常缓慢，差不多每100年不足2毫秒。然而，如果一天24小时一直以同样的速度变化，那么30亿年前地球上最早出现的生命经历的昼夜时长，就只有我们现在的一半。

地球上最早的生命仅仅是一个具有自我复制功能的分子，关于它的起源众说纷纭，从深海到厚冰，从石缝到泥浆，甚至有来自外星球的理论。但无论生命从哪里起源，第一批单细胞组织蓝藻在生物界迅速发展，并在未开发的世界中找到了新的机遇。

具有吸收阳光、制造氧气功能的生物蓝藻很快遍布全球海洋。每天清晨，当第一缕阳光温暖海面时，蓝藻就开始将太阳的热能转化成氧气并发散到大气层，这为大气层中化学成分的建构发挥了重要作用，是包括人类在内的生命得以生存的前提。蓝藻的内在机制为植物发育奠定了基础，植物的光合作用和生长节律因此代代相传。

当地球上第一个多细胞生命在 6.2 亿年前第一次看见光的时候，地球的一个昼夜大约有 22 个小时。准确地说，这个生命并不存在“看见光”的状态，因为至少要再过几百万年，生命才进化出眼睛或者其他更先进的感觉器官。在上亿年的时光中，各种形式的生命绽放又灭绝，到了距离我们几百万年的时候，生命在肥沃的藻类垫上终于找到了可以安全生存的环境。它们不再担心被捕食，也无须移动 1 毫米。每天，阳光照射水面，并在进入深海的途中改变性质。待黑暗降临，光线不再发挥作用，自然的夜晚开始了，生命都学会了适应这样的变化规律。

总之，生物钟，也就是我们身体的昼夜节律，是所有生物普遍遵循的古老又基本的规律。今天，万物生长都是在昼夜变化和四季流转的前提下发展而来的，我们的身体基本上适应了昼夜长短交替的循环周期，所有生物都有事先编程好的生物钟。每当含羞草的叶子卷曲起来时，紫罗兰就会醒来，散发出更浓郁的气味吸引夜蛾；当蜜蜂和其他的日间昆虫下班后，就该由夜蛾子出工，开始夜间授粉的工作了。所有生物，无论其物种属性、栖居地点或生命周期如何，都具备相同的机制，这个机制适用于从 25 亿年前的蓝藻到蝙蝠和人类。

生物钟是通过明暗变化启动的，即使没有周边环境的信息，生物内部机制也会持续运转，生物钟继续以大约昼夜 24 小时的稳定节奏嘀嗒作响。晨光会指示时钟周期归零，新的一天开启，随着一天中光线的改变，黄昏降临，夜晚到来。在这个公式中，任何人造光源如电灯、聚光灯和外立面射灯都不包括在内，而正是它们的出现，系统至少面临着混乱的风险。

2. 体验黑暗

通常，我是这样开启夜晚巡视模式的：找一个适宜的地方坐下来，最好是在溪流附近；从保温瓶里倒出一杯咖啡，看着咖啡杯里升腾的热气与夜晚从水面飘起的凉气翩翩起舞。鸟鸣渐稀，蚂蚱（草蜢）嘶哑的叫声显得格外清晰，身后的森林成为夜晚的幕帐。北欧的夏天，夜晚光线的运动像是被拉长了，黑暗缓慢降临，昼行性动物被夜行性动物替换，鸣唱的鸟儿恋恋不舍地关闭音响，着急地舞动着翅膀飞去，毕竟，该是黑夜上场的时候了。在热带地区，白天与黑夜的交替就像转动剧场布景一样，射灯一熄就是黑夜的天下，舞台和观众都还没变，演员却都换班了。

蝙蝠并不总是随叫随到的，照理说这些等待的时间也占据了我的工作时间。如果我等待时在电脑上读点儿资料或准备一下明天的工作，这些时间都可算进我的咨询费中，也是一笔不少的收入。但有些东西是无法用钱来衡量的。我相信当我顺从大自然的节律，自然地等候黑暗的降临时，从长远来看，我的工作会更有效率。体验自然并不一定会让我成为一个更好的发明家，但它让我学会与自然和谐相处。如果我用平板电脑或手机的光干扰我身处黑暗中的状态，我肯定会被分散精力，失去夜视力。

其实，我连头灯都很少用，至少在户外的时候，我不愿失去夜视力。不然，我怎能看到土拨鼠如何在黑暗中追逐小昆虫，怎能看到蜘蛛网在月色下闪闪发光的动人情形？人造光会让许多东西在我眼中消失，比如蜗牛的移动和会发光的蘑菇。是的，确实有一些蘑菇具有与会发光的昆虫相同的生物发光特性，可以在黑夜中熠熠生辉，吸引苍蝇、甲虫、蚂蚁来帮助它们传播真菌孢子。这种现象在热带地区更为普遍，但在瑞典也有一种会发光的蘑菇。围绕树干生长的蜜环菌的菌丝能发出微弱的绿光，以前的人们还用被蜜环菌侵蚀过的橡木做夜路的指向标，对于夜视力比我们强的动物来说，也许这种真菌就是黑夜中一盏明亮的灯。

夜行性动物到底是如何体验黑夜的？它们的大脑对感官的认知是如何做出反应的？这是一些令人着迷的问题。在黑暗中，围绕我身旁的上百朵平常不显眼的白色花朵，此刻正在月下闪耀。对于那些对紫外线光谱敏感的动物来说，这片花海可能就如同被荧光灯照亮的迪斯科舞厅。作为人类，由于我们感官的特殊局限性，尽管我们了解这些动物的视觉能力，却永远无法理解它们的真实感受。相机滤镜或其他光学仪器辅助我们增进认识，但我们永远无法知道从昆虫或是猫的眼睛看，世界是什么样的。哲学家托马斯·内格尔（Thomas Nagel）在20世纪70年代发表的著名论文《成为一只蝙蝠会是什么样子？》（“What is it like to be a bat?”）中指出，人类的语言是无法描述蝙蝠的感受的，就像无法描述外星人一样，只有属于同一物种的个体才能分享体验。但如果把内格尔的结论推演得更极端些，人是无法理解他人的感觉的，每个人只拥有自己的感知、滤镜和领悟。

但如果我们离开中心城市及其周边的郊区，把自己当作一名观察者，放慢脚步，让黑暗向我们走来，你会发现周边生命的夜生活都在走近你。你的视觉感官之外的器官开始渐渐觉醒，不知不觉中，你感受到声音和气息的变化，皮肤被潮湿的空气包裹。被称为“黄昏之鸟”的夜莺精准地掠过你的头顶，发出嗡嗡的声响；几只青蛙在呱呱吵嚷；远处传来一只鹳的哀鸣和汩汩的流水声。渐渐地，你的夜视力也在增强，你看到了夜晚的花在黑暗中醒来——白花蝇子草、紫罗兰、石竹，它们迎风绽放，等待夜行性昆虫来传粉。初夏渐长的黄昏里，丁香花开得最旺，传说午夜前后出生的孩子，可以看到丁香花倩影中的幽灵。8月的夜空被忍冬花香充溢着，夜行性昆虫追随着花香，向这些花型独特的植物靠近。夜蛾将细长的吸管插入花蕊，畅饮花蜜，完成花粉的传授。夜蛾的嗅觉是动物世界中最灵敏的，它的触角能捕捉到几公里外的花香或伴侣的气息。如果你在黄昏时置身户外，通过观察夜蛾奋力飞行的路径，很快就会察觉到花香的来路。事实证明，夜蛾和蜜蜂对传授花粉是同等重要的，而且夜蛾造访的花朵品种比蜜蜂更多样化，这对保持我们生态系统的完整性和生命力是非常宝贵的。

突然，我正在观察的一只夜蛾猛地向地面俯冲，它在空中接连转了几圈，又迅速回到它之前跟踪的气味轨迹上。夜蛾的听觉灵敏，能够听到我正在研究的蝙蝠的超声波，刚才那个俯冲就是夜蛾在逃避敌人。此刻，我的超声波探测器开始发出爆米花爆裂的声音，蝙蝠离夜蛾越近，发出定位猎物的探测脉冲的频率就越高。夜蛾摇晃着，在夜空的掩护下佯装反击，加快了逃跑的速度。地面上出现了几只甲虫，它们在树叶间匆忙赶路；两只屎壳郎（蜣螂）却钻到树叶下面，跳起了交配舞蹈。它们舞动翅膀的嗡嗡声瞬间淹没了超声波探测器的声音。

地球上至少 1/3 的脊椎动物和近 2/3 的无脊椎动物都是夜行性动物，也就是说，当夜幕降临，人类开始入睡的时候，大自然才开始了一天的工作：交配、捕食、分解、授粉。作为一名蝙蝠研究者，我时常提醒自己，人类对夜晚及其秘密知之甚少。如何去理解树间穿梭的蝙蝠只需要 1 微秒就能通过声音和回声对它周边的环境做出判断？夜晚的世界不属于人类，我们只是黑夜的过客。

3. 被照亮的星球

蝙蝠、夜莺、屎壳郎……这些都是属于黄昏和夜晚的动物，而人类则很大程度上是依赖光照的昼行性动物。因此，光是我们的安全保障，难怪我们越来越喜好照亮自己的生存环境。150 年来，电能和灯泡胜利地席卷世界，二极管灯泡的革命性进步更加速了照亮地球的步伐，公园、街道、工业区、停车场被各种各样的灯光照亮，人们通常以保障安全作为增强照明的理由。从我家到学校停车场不到几百米的路上，至少安装了 50 多盏路灯，几乎每 10 平方米的街面就被一盏灯照亮，那些夜里出来飙摩托车的青少年可能是最大的获益者。举目环视，类似的情景比比皆是：明晃晃亮着灯的空旷办公室，杳无人迹的停车场，高速公路旁外立面被照得通亮的仓库。人工照明延长了白昼的时间，但同时也驱逐了夜晚的居民。

看一下卫星拍摄的地球夜景就会明白，我们生活在一个被照亮的星球上。世界上所有的城市中心从老远看去都像一团发光体，灯火通明的道路将城市连接成一张闪亮的网，人口最密集的大城市更是耀眼。卫星图用最直接的语言展示了我们居住的星球城市化的进程，这也许就是地球正式进入人类世的最明显标志。人类世的概念最早出现于20世纪80年代，由诺贝尔奖得主、荷兰化学家保罗·克鲁岑（Paul Crutzen，1933—2021）提出。历史上以人类对地球的影响命名一个新的地质时代的先例有不少，最早可以追溯到19世纪60年代。1864年，美国政治家、外交官和语言学家乔治·帕金斯·马什（George Perkins Marsh，1801—1882）出版了《人与自然，或被人类行为改变的自然地理》（*Man and Nature; or, Physical Geography as Modifided by Human Action*）一书，也让他出乎意料地被后人称作早期环境运动的创始人。在之后的20多年里，人们用各种方式试图总结出人类行为破坏环境造成的恶果，并以之命名地质时代，但直到近些年来，人类世的观念才真正深入人心。

夜间卫星图非常清晰地展示出现代人的活动范围在时间和空间上的跨越性，不可否认，技术发展和现代化进程为人类带来了福祉，从现实意义和象征意义上照亮了人类，但同样清楚的是随之而来的资源耗尽、过度消费和生态衰退的后果。我们所说的光污染，即过度的人造光对自然生态发展前提的改变，是迄今为止依旧被低估但后果越来越明显的一个例子。今天，人工照明已占到全球能源总消耗量的1/10，其中仅有很小一部分光是直接为人类服务的，而大部分光都是被用来照亮街道、外墙和溢向天空的。欧洲和美国的研究表明，方向不当和不必要的强光，已制造出相当于大约 2 000 万辆汽车的二氧化碳排放量，自 2017 年起，全球光污染以每年 2% 的幅度增长。

我们如此热衷于照亮我们星球的原因之一，无疑是人类对黑暗的恐惧，恐黑是深植于人类生理基因和文化传承的自然反应，与我们对许多其他恐惧的反应一样，都是人类生存的本能反应。人体机制并非不能适应黑暗，但需要一个缓慢的过程。适应了日光的眼睛在转入黑暗后，至少需要半个小时才能在黑暗中辨识颜色，要辨识方向还需要更长的时间。然而，这种努力建立起来的对黑暗的敏感度，可能在一瞬间就被摧毁。只要看一眼路灯或手机，或被路过的车灯照到，视紫红质这种光敏视色素就会如纸牌屋一样瞬间坍塌，眼睛被迫重新开始适应黑暗。

在今天的城市里，要建立真正的夜视力几乎是不可能的，因为太多的光源有效地阻碍了视紫红质的形成。在香港、新加坡市这些被称为世界上最亮的城市，或许也是光污染最严重的城市中，已经几乎没有一个能唤起自然夜视力的街角了。如果你住在香港，你入睡的夜空要比未受影响的夜空亮 1 200 倍；许多新加坡人可能从来都没有体验过何为自然的夜视力。如今，无论你身在何处，这已经是越来越多的城里人的日常体验。

失去夜晚的体验或许只是被边缘化的怀旧情感，但更多的研究表明，生活在人类世的我们深受人造光的负面影响。光会扰乱我们的生物钟，导致失眠、抑郁和肥胖。也有研究表明，过多的夜间光甚至与一些癌症病变有间接关联。这些都是本书会谈论的问题。

4. 吸尘器效应

一只夜蛾朝着闪光的瀑布飞去，随即消失在水幕中。很快，又一只夜蛾飞来，不久，一整群夜蛾出现了。所有的夜蛾都不做停留，毫不犹豫地飞进湍急的瀑布中。

这是19世纪人们在冰岛斯乔尔万达河的瀑布上观察到的情景。那天晚上，吸引夜蛾的不是祛暑的清凉，也不是被吸入水中必死的结局，而是瀑布闪烁的水滴不间断地跌落产生的催眠力量。乔治·约翰·罗曼尼斯（George John Romanes，1848—1894）是一位哲学家、心理学家和生物学家，他在对人类和动物本能的研究中发现，大自然中最微弱的光，哪怕一根火柴的火苗，或是一滴水的光亮，都会让昆虫偏离轨道，迷失方向。罗曼尼斯曾在牛津大学工作，也是查尔斯·达尔文的挚友，他热心地宣扬达尔文的进化论，也被认为是达尔文之后责无旁贷的接班人。

不幸的是，罗曼尼斯46岁就英年早逝，他的理论也很快消失在20世纪蓬勃发展的生物学研究领域，但他对本能的研究通过他的两部著作——《动物心理进化论》和《人类心理进化论》对动物学和心理学都产生了重大影响。与罗曼尼斯在冰岛观察到的夜蛾扑向闪光瀑布的现象类似，我们大多数人也都见过飞虫绕灯旋转，它们的圈会越绕越小，直至扑向灯泡。

2001 年，我参加了在马来西亚内陆雨林克劳自然保护区举办的蝙蝠研讨会，那时的我只是一名论文才写了一半的年青博士生，当然不想错过任何一个机会。记得研讨会上有一个当地电视台的团队跟拍一位蝙蝠研究者，一天晚上，大家正在吃晚饭，电视台的工作人员把一盏拍摄用的探照灯投向天空，在黑暗潮湿的热带雨林夜空中造了一束强烈的光柱。我们立刻清楚地看到各类昆虫朝光柱涌来，有夜蛾、蜻蜓、蚊子、甲虫、蟋蟀，也有各种各样不知名的昆虫。这些小虫盘旋着朝灯光中心舞动，不过也有例外，一只蟋蟀瞅准机会落在灯架边上，一只接一只地把路过的小虫吞入腹中，这家伙把电视台的探照灯当作自己的私人陷阱了。我在一旁坐了很久，观察着这貌似有意识的行为。

位于美国拉斯维加斯著名的赌场大道南端的卢克索酒店赌场房顶上，安装着全美国也可能是全世界最强的灯光柱——卢克索天空灯柱。借助一面复杂的曲面镜和 39 盏各自功率为 7 000 瓦特的氙气灯，一束光柱直射天空，从飞机飞行的高度看，可以穿透 70 公里以外的夜空，亮度相当于 420 亿支蜡烛。看来要想在世界上最明亮的城市中拔得头筹，那就不能吝啬灯光。

2019 年，拉斯维加斯所在的内华达州经历了按照该地区的水准来说异常潮湿的一年，由此引发了大规模的蝗虫入侵。这种规模的蝗虫迁徙并非罕见，半年后，类似的蝗虫迁徙也在东非发生过。潮湿是引发蝗虫大量迁徙的缘由，尤其是在遭遇强降水后，蝗虫迅速繁殖，并在短时间内海量增长，当蝗虫数量达到一定程度时，它们的激素系统就会告诉它们该搬迁了。巨量蝗虫的迁徙不仅是一个自然奇观，更是对当地农业的沉重打击。2019 年，当数百万蝗虫以排山倒海之势从内华达沙漠抵达拉斯维加斯，铺天盖地地扫过城内金字塔式的建筑时，人们很难不把这灾难情景与《圣经》联系起来。《出埃及记》中上帝预言的惩罚人类的十灾之一就是蝗灾，如今它真的在这个赌博和游戏的罪恶之城降临了。当年 7 月份，当蝗虫入侵达到顶峰的时候，社交媒体上充满了末世一般的视频报道。

蝗虫通常在夜间迁徙，每天傍晚，内华达州的气象工作人员都会在雷达上观测蝗虫如何逼近拉斯维加斯。这座沙漠之城中所有的路灯、广告牌、霓虹灯就如磁铁一样吸引着蝗虫，最严重的当然是卢克索天空灯柱，最远的蝗虫来自 400 公里以外的亚利桑那州。无论是马来西亚雨林中的探照灯，还是拉斯维加斯的天空灯柱，以及我们常见的路灯、墙面探照灯，这些灯源对昆虫的吸引力，在昆虫研究学界被称为“吸尘器效应”。在更大的范围内，被照亮的城市会引来周边乡村的昆虫，整个生态系统会被改变。

长期以来，昆虫学家一直利用吸尘器效应设置光阱捕捉昆虫。这个设备只需一盏灯和一个盒子，当昆虫飞来时，它们就会被一个漏斗形的捕获器困住。在1990—2007年期间，斯德哥尔摩的瑞典国家自然历史博物馆屋顶上就有这样一个光阱，17年里总共捕捉到至少740种不同的蝴蝶，以及其他种类的昆虫。屋顶陷阱捕捉到的大多数为夜行性昆虫，多年来，昆虫种类的构成并没有很大的变化。但当科学家开始分类记录每个物种的数量和重量时，结论就大相径庭了。一年前，人们在德国开始类似的测量，并且把测量范围扩展到60多个不同的自然保护区中。德国科学家把捕捉到的昆虫分类并称重，2013年，他们发出了第一个警告。

但直到4年后，经过更多的数据分析、权衡和重新计算，一个惊人的消息才被公开：昆虫的生物量锐减了75%！很快，“世界末日”和“昆虫崩溃”等标题开始在社交媒体上迅速传播。德国昆虫学家将研究结果开源，鼓励所有人对他们的研究结果做分析、评论。但无论如何统计，昆虫数量锐减的事实无可争辩。尽管首先还不是物种的减少，但数量的锐减已是不可逆转的事实。

昆虫致死的原因有很多：城市化进程、全球变暖、过度使用杀虫剂、大规模农业、单一种植、森林退化等。但只要你见过昆虫在灯光下是如何奋不顾身的，你就会明白，光污染显然也是必须考虑的因素。

5. 交配欲下降

地球上到底有多少种昆虫？无人知晓，在过去 10 年里，仅仅在瑞典和挪威就发现了 1 600 种新型昆虫物种；每一次热带地区的物种调查都会有新的发现，当然，也有许多物种在我们还没来得及认识它们之前就已经灭绝了。

有一半的昆虫是夜间活动的，也就是说，它们每天至少需要连续几个小时在黑暗中觅食和寻找配偶。夜晚有限的光是这些昆虫天然的庇护，夜空中星星和月亮的微光是它们的导航系统和激素系统的核心。因此，当黑暗与光明交替的自然节律被打破后，夜行性昆虫的生存就受到了威胁。

大多数夜行性昆虫依靠星光和月光，即所谓偏振光的导航。一只在黑暗中飞行的夜蛾通常以夜空中最强的光即月光作为参照物，它的飞行路径始终与月亮保持恒定的角度，这样它就不会迷路。然而，当它瞄准的是一盏路灯或是夜空中其他的人造光源时，它的飞行角度改换为以路灯为参照物。鉴于路灯与夜蛾的距离要比月亮与夜蛾的距离近得多，夜蛾的螺旋状飞行轨迹会越来越接近路灯。

一旦昆虫被这样的催眠式光源吸引，它们就会停下来。许多昆虫会在黎明到来前就死去，有时仅仅因力气被耗尽而死亡。当路灯终于熄灭时，通常也是太阳回归的时候，那些幸存的昆虫几乎只是在原地打转，夜晚赋予它们的天职，从采花蜜、传花粉，到寻找伴侣、繁衍后代，统统未能完成。

另一种在黑夜中导航的有效方法是使用偏振光，这一方法不仅被昆虫广泛使用，我们的先人似乎也掌握了同样的技巧。例如，在冰岛神话中就有维京人借助水晶石（一种太阳石）在海上航行。这块石头能捕捉到太阳光在天空中形成的隐形图案，即使在没有太阳的阴天，维京人也能通过水晶石确定太阳的方向。我们还没有考古发现能够证明太阳石真实存在，但从理论上讲，这是可行的。

光波的传播方向是全方位的，只要没有遇到障碍物，光波都会均匀地向所有方向散射。但是，当光子撞击到空气中的分子和粒子，或者当光穿越水面时，一些传播方向就会被过滤掉，这就形成了光波的偏振和振荡，光波的传播方向就不再均匀。这种情况其实一直都有，所以天空中存在不同方向、不同程度的光波振荡模式。伴随夜幕的降临，光波振荡的强度也随之改变，在黎明和黄昏时分，振荡模式是最简单的，就好像太阳拖着光线在走向地球边缘的路途中，将身后的轨迹留给夜晚。这些人类肉眼无法看到的痕迹，对于地球上的昆虫来说就是指南针和时钟。我们早已熟悉蜜蜂的行为受益于偏振光，近年来的发现揭示出大量的昆虫、蜘蛛、甲壳类动物甚至鸟类都在使用光作为罗盘。即使在太阳落山后，比太阳光弱40万倍的月亮光也能担负此任。

最擅长利用天空中几乎难以辨认的光模式的昆虫是蜣螂，俗称屎壳郎、粪甲虫。屎壳郎的种类很多，单在瑞典就有大约60余种。这类甲虫将收集的粪便制成球，然后有效地在非洲大草原上弹射粪球。屎壳郎能借助后腿用力，把比自身重量大几倍的粪球射向自己的巢穴。然而，这样一个盛满食物的粪球也让其他屎壳郎垂涎三尺，因此，屎壳郎在推粪球回家时就要找到最近、最快的路径。借助夜晚月亮的偏振光，屎壳郎穿行于夜幕中，哪怕是新月那几乎看不见的微弱光线，也可以引导它们前行。屎壳郎对光线的细微差别异常敏感，所以当它们处在散逸着街道灯光的大都市周边时，就需要满月的月光引路。为了安全起见，当屎壳郎在夜晚的开阔地带时，它们还会借助星星来判定方向。当屎壳郎爬上粪球时，它们开始面对苍茫夜空跳一段舞蹈，就像拍摄天体照片那样，瞬间记录夜空图案。沙漠地区的巨型蟹蛛也有类似的行为，它们用8只复眼静静地观察夜空后，生成一张标识地平线与星星位置的天相图，这张图会在它们行于荒漠时为它们指引方向。

当屎壳郎堆好粪球，记牢夜空的天象图并认准方向后，它就会沿着直线把粪球滚回家。在古代埃及，人们相信屎壳郎在粪球里产卵，因此将其视为代表生育的神圣象征。也因为屎壳郎的生命历程与太阳轨迹一致，埃及人信奉的太阳神“拉”

在早上的形象就画着一只屎壳郎的头。

当光遇到水面时，光波发生变化并形成明显的偏振光纹，蜉蝣、龙虱和其他喜欢水的昆虫可以利用这种光纹来寻找水体。但人造光会在如沥青、混凝土、玻璃和汽车涂料等类似水的虚假反射面上发出相同的反射光纹，而且房屋、购物中心和工业厂房中的人造光会放大这种效果。我曾在汽车引擎盖上发现过龙虱，也见过蜉蝣在停车场产卵。这些昆虫短暂的一生能给予后代最多的就是一个安全良好的生存环境，因此它们选择在水中产卵。然而，当被引诱到人类活动的工业区或停车场时，它们无疑就落入了最有效的一夜之间灭绝种群的陷阱。

人造光除了扰乱昆虫天然的导航系统，最糟糕的是，它还会导致昆虫完全失去活动能力，抑制昆虫分泌用来交流和寻找同类的“信息素”（pheromone）。夜幕低垂，本该是昆虫开启激素系统信号的时刻，灯光却熄灭了昆虫的交配欲望，夜晚引诱配偶的气味痕迹也随之消失。

受此影响的一个物种是卷心菜蛾，这是一种大型斑蛾，分布在欧洲和亚洲的大部分地区。卷心菜蛾成虫在 5 月和 6 月间破蛹而出，没过几分钟就开始寻找配偶。雌蛾会首先行动，将触角指向前方，拍打翅膀并散发气味，这时大约是晚上 10 点钟。雄蛾闻到气味后也做出同样的举动，校准触角，快速摆动几下翅膀，开始寻找散发气味的雌蛾。当它们相遇时，雄蛾会用触角触碰雌蛾的身体，以确定自己找对了地方。然后，雄蛾继续快速拍打翅膀，交配开始。它们在一起过夜，雌蛾用一只翅膀缠住雄蛾的身体，然后产下受精卵。

卷心菜蛾的整个交配仪式都是在黑暗中进行的，换到实验室环境中，我们已经发现雄蛾在人造光附近会减少释放气味分子，而且气味分子的结构也与在全黑环境中不同，因此交配永远不会开始。雌蛾徒劳地等待黑暗的到来，雄蛾徒劳地等待正确的气味。那些有幸孵化出的幼虫渐渐化蛹，但也存在着过早破蛹的可能。黑暗主宰着这一切，长夜对于维持蛹期的休养生息非常重要，而光线则会导致毛虫过早变成飞蛾，它们甚至可能在没有食物的秋冬季节孵化。总之，在昆虫的成长过程中，光线，或者说是黑暗的缺失会欺骗处在各个成长阶段的昆虫。

6. 集体死亡

关于世界昆虫数量锐减的令人担忧的趋势，除了前面提到的德国的调查，还有许多其他迹象。所有像我一样在 20 世纪就学会开车的人一定记得，开车到达目的地后，都会看到汽车风挡玻璃和车灯上多如牛毛的昆虫尸体。之前有统计说，每年可能有多达上千亿只昆虫死在黑夜中开着大灯急驶的汽车前。如今开车的人明显注意到，粘在车上的昆虫尸体已经没有那么多了。通过这个所谓的“风挡玻璃现象”，我们可以大致地判断，道路附近的昆虫数量确实在减少。目前这个观察还需长期研究的证实，但无论在瑞典、英国、欧洲大陆，还是美洲和热带地区，这种现象比比皆是。搜集这类数据的通常是一些业余昆虫学家、蝴蝶采集者和在野外露营的田野生物学家。比如一个叫安德斯·帕普·默勒（Anders Pape Møller）的丹麦人，坚持记录过去 20 年里在同一条道路上开车时，汽车风挡玻璃上聚集的昆虫数量的变化。他证实了不仅昆虫数量明显减少，而且以昆虫为食的鸟类数量也在减少。默勒的观察记录证明，“风挡玻璃现象”确实存在，需要我们认真对待。

然而，人类更感兴趣的研究却是关于如何灭虫的，例如利用光阱消灭害虫的方法有许多翔实的记录。进行昆虫测量工作的德国机构并非政府组织，而是一个叫“克雷菲尔德昆虫学协会”的民间组织，该协会成立于 1905 年，一个多世纪以来一直致力于昆虫保护工作。协会的总部坐落在位于北莱茵河区域的克雷菲尔德市中心一栋旧学校的校舍里，50 名会员和近百万只昆虫的标本都挤在这里，所有昆虫都被鉴定和命名，另外还有上千万个贴了标签的昆虫标本瓶子四处堆放着，如同一座混乱的博物馆，好在这些昆虫标本现已被作为文化历史藏品保护起来了。协会的成员并非昆虫学家，例如，这里最著名的成员之一齐格弗里德·西莫莱克（Siegfried Cymorek，1927—1987）连小学都没毕业，不过他在苏黎世被授予了荣誉博士学位。该协会目前已经发表了 2 000 多篇关于昆虫、分类学和生态学的论文，许多研究项目得到了广泛支持。他们在 2013 年对昆虫大面积死亡发出的预警震动了科学界，引发世界范围内对昆虫研究的热潮。

地球上的物种已经经历过 5 次大灭绝，最近一次发生在 6 500 万年前，当时恐龙与地球上 3/4 的动物一起消失了。如今，地球上约 40% 的昆虫物种濒临灭绝。2019 年，一项由澳大利亚和中国的学者对全球搜集的昆虫数据进行汇编的报告显示，我们已经进入了地球的第 6 次大灭绝，而造成这次大灭绝的罪魁祸首是人类。在调查研究的所有昆虫类群中，夜行性飞蛾的处境最为危急，有超过 2/3 的夜行性昆虫已呈负增长趋势，而另外 1/3 直接濒临灭绝，昆虫物种的数量正在以每年近 3% 的速度减少，如此继续下去，100 年后地球上的昆虫将消失殆尽，而整个地球的生态系统也会面临严重危机。

几年前，一张从中国四川的果园流出的照片在网上疯传。照片上的果农正趴在果树上，用刷子为树上的花朵手工刷花粉。一名手快的果农一天大约可以为 10 棵树人工授粉，而通常来完成这项工作的蜜蜂可以完成百倍的工作量。难道未来的招聘广告中会出现“授粉技师”的岗位？不可否认，自然界中昆虫数量的减少终将影响人类。

最初，克雷菲尔德昆虫学协会的研究并没有把昆虫数目减少与光污染联系起来，虽然他们的总部位于莱茵河流域的鲁尔工业区，毗邻欧洲人口密度最大的国家荷兰，这是因为他们主要观测的是昼行性昆虫类群。但很快，德国人开始发现花朵授粉量下降，与此同时，几位荷兰学者发表在《变化中的全球生物学》杂志上的论文指出，夜蛾数量的下降远超其他昆虫，尤其以都市环境为重灾区。很显然，光是解开这个谜题的重要一环。

很快，美国和加拿大的生物学家联合澳大利亚和新西兰的同行开展了合作研究，并对光的影响力达成共识。昼夜的明暗变化本是生态系统中最牢固不变的因素，但人造光改变了这一切。研究小组搜集了大量关于昆虫和光的知识，试图全面了解二者之间的关系。他们发表的数百篇论文的研究成果为我们带来一个颇为确切的答案，即人造光对昆虫有不同方面的负面影响。

人造光可以改变昆虫的繁殖期，加速卵的孵化，影响昆虫从幼虫到蛹再到成虫的蜕变。光会改变昆虫捕食和授粉的条件，直接影响昆虫的食物摄取、飞行路径和迁徙习惯，换句话说，光会影响昆虫生活的方方面面。2019 年 11 月，我发表了一篇名为《光污染是昆虫减少的驱动力》（“Light Pollution Is a Driver of Insect Declines”）的论文，由此开启了撰写本书的前奏。在随后的写作中，我几乎每天都能读到关于光污染的新文章，这与几年前我开始研究这个课题时的情况大相径庭。

其实只需回到 20 年前，光污染都是一个鲜为人知的概念，可能只有研究天文学的科学家会用到。那时很少有研究光污染的论文发表，偶尔有几篇也是针对光对鸟类和海龟影响的研究，就连蝙蝠研究人员都不会谈及光对蝙蝠的影响。今天，我们对光污染的研究才刚开始，对光和黑暗如何影响我们的生态系统仍然知之甚少。就以夜间活跃的蜘蛛为例，只要用光刺激它，蜘蛛就会活跃起来，从不倒时差或是犯困。蜘蛛的整个世界就是被光控制的，所以全球为数不多的研究生命节律（光与暗）的生物学家都爱把蜘蛛作为首选。

整个自然界无不受控于自然光的微小差异，生态系统在不同的时间被唤醒，并根据不同的光照和波长进行编程。一只动物入睡，伴随着另一只动物的苏醒和接下来的一系列行为，光以极其微妙的方式告诉我们一天中确切的时间。让我们来看一下长着长长的腿、在水面上奔跑自如的昆虫水黾：每到傍晚，当日光降到一个临界值以下的时候，水黾就会像接到命令一样，集体转移到岸上，躲进植被中，有效地避开它们的天敌水蝙蝠。然而，人造光掩盖了自然环境中色彩的光泽和变化，进而可能会扰乱昆虫在自然界活动的秩序。

无论是自然光还是人造光，关于它们的影响，目前的研究才刚起步，还有很多有待发现，但这确实是一个蓬勃发展的研究领域。光关系到我们的生态系统和人类自身的福祉，让我们更接近重获黑夜的解决方案。最近常有政府机构向我咨询如何协调社会对光的需求和大自然对黑夜的需求的矛盾。这确实是一个让人左右为难的选择，但随着科技发展，尤其是随着我们对这一问题认知度的提高，相信我们会取得进展的。

第二章

黑夜的生态位

1. 夜视力

5.4 亿年前，第一双眼睛看到了世界。元古宙结束，取而代之的是显生宙（Phanerozoic Eon）。正如它的希腊语词面意义所指，地球有了可以看见的生命。

在之后的 1 000 万年中，地球上突然出现了大量动物，这便是我们所说的寒武纪生命大爆发。以前，我们一直认为这是多细胞动物开始的时代，因为世界各地的岩石化石显示，地球从几乎无动物到生命大爆发在地质时间上是一夜之间完成的，多细胞动物的出现是划分前寒武纪和寒武纪的重要标志。然而，多细胞动物其实在寒武纪生命大爆发之前就已经存在。

关于寒武纪生命大爆发的背景有许多理论，但目前被广泛接受的理由是生命捕食性的出现，也就是说生命之间开始了互相残杀。从遗传学和个体生命形式来看，此前生命之间的物理差异非常小，所有个体外观都很相似，行为也无差异，直到被捕食的威胁变得迫在眉睫。可以说寒武纪就是可以被看见的生命的大爆发，生命多样性的基石早已存在，但只有通过这场大爆发，动物才真正有了实体形态。

在此期间，动物开始具有了移动能力，它们长出了刺和硬壳来保护自己，5亿年后，这些壳变成我们能够欣赏到的化石。但也许更重要的是，动物的感知器官开始进化了，可以说，捕食者与它们的猎物之间展开了“军备竞赛”。在这场关乎生存的搏斗中，具有听觉、嗅觉、感知振动和观察对手位置能力的动物自然会占据优势。从那时起，猎物和捕食者之间的博弈就成了生命进化最强大的驱动力。

生命中第一双真正意义上的眼睛就是在这时形成的，具有可视能力的动物比起它们的竞争对手有着巨大优势：眼睛可以看到猎物，也可以躲避对手。眼睛对光的反应能力虽然已存在了一段时间，但直到那时，眼睛才发展出形成图像的能力。在那之前，不同形式的生命基本上都只是飘浮在黑暗中，互不相识。但寒武纪的动物开始具有了利用视色素捕捉阳光的能力，通过晶状体在视网膜上形成光。这一进化的痕迹在中国、北美，以及瑞典南方西哥特兰省的岩石沉积中都可以找到。

有一年夏天，我在瑞典南方维纳恩湖岸边的欣讷山著名的石灰岩徒步路线寻找化石和露营地，沿途一堆堆散发着汽油味的黑色黏土岩石板像烧焦的历史书一样散落在路上。这里山崖近乎垂直的岩壁如同屏障一般，有效地阻挡了周边村落的光源，在北欧漫长的夏夜，只有当落日照在维纳恩湖面，湖水将光线反射到岩壁上，才给身处岩壁之间的我带来一线光亮。砂岩在这里变成了矾土页岩，呈现出斯堪的纳维亚半岛的地质历史。岩石从曾经所处的南回归线来到现在的位置，经历了 5 亿年，留在山脉中的多种动物化石就是这漫长迁移的证据。黑色的矾土页岩内包含着寒武纪生命的缩影，有的像象形文字一样在黑色的岩石中清晰可见，有的露出被氧化的铁锈红，有的则是闪亮的绿石板。

堆砌在欣讷山采石场的石板残渣被称作红岸，它们是矾土页岩在熔炉燃烧后留下的遗迹。岩石中遗存的未腐烂的动物体内的有机物让岩石成为有效的燃料，许多采石场都还保留着这样的熔炉。矾土页岩除了经过燃烧被转换为能源外，还被用来提取明矾。明矾是一种无机盐，具有止血功能，也是纺织染色的重要原料。

距离我的露营地 50 公里的地方，大约在 200 年前住着石匠的儿子斯万·马尔默堡和他的妻子斯蒂娜·安德斯多特。他们分别是明矾厂的长工和女仆。这一地区最早的明矾厂是一位名叫门采尔的男爵在 18 世纪创建的，厂子位于迪姆布村，“迪姆布”在古瑞典语中就是“泡沫”“迷雾”的意思。附近有条迪姆河，河水从厂房边流过，水汽氤氲，将周边的山峦缠绕在迷雾中。不仅如此，采石场的尘埃也给这里罩上一层魔幻面纱。难怪北欧神话中的地下河约尔，传说就从这里流过。

明矾厂的工作艰苦而危险，因为页岩中含有大量的铀和砷，这些物质如果泄漏就会污染附近的水源。尽管如此，斯万和斯蒂娜就在这里相识相爱，并且结婚生子。他们的儿子叫约翰尼斯·斯文森，孙子叫约翰，和斯万的父亲也就是我的曾祖父同名，而这也是我的名字。关于我的曾祖父，我在后文还要讲到。

黑色的石板中嵌着一些散发出汽油味的石灰石，因此这些石头也被叫作“欧石”或“臭石”。欧石完全由贝壳残骸和5亿年前的小动物化石组成，个头不大但保存完好，已被列入世界古生物学遗产。

如果你砸开一块欧石，一个距今5亿年的生物墓地就会展现在你眼前，例如现已灭绝的三叶虫，以及形态各异的甲壳类动物，它们的样子或多或少已经与我们今天看到的海洋生物有些相似了；还有处于不同发育阶段的昆虫，它们不仅有壳，还有腿、触角、口和眼睛。在显微镜下，地球上最早、最发达的视觉器官已具雏形了，并且它不只出现在一类动物身上，而是分布在一系列不同类群的动物身上。欧石展示了眼睛探测光线的进化历史，从幼虫期简单的眼睛到成虫期复杂的眼睛，也就是今天我们在昆虫和甲壳类动物身上看到的复眼，每一个切面和每一个晶状体都被保留下来了。很显然，生物的视觉感知在寒武纪就几乎达到了今天的水平。

2. 眼　睛

人类的眼睛由一个圆形胶状的玻璃体组成，玻璃体的一端悬挂在肌肉纤维上，晶状体可以折射光线，捕捉周围环境的光子反射。在角膜保护层下的是虹膜，它的名字来源于希腊神话中的彩虹女神。虹膜控制着通向世界的窗口——瞳孔。瞳孔的大小随光线变化：在夜晚，瞳孔会放大以最大限度地接收光线；在白天，瞳孔会缩到最小。虹膜不仅控制着视网膜和视神经接收光线的光量，还能向外发出颜色信号。在人与人的交往中，眼睛颜色的变化、视线的移动和眼神的交流起到很重要的作用，希腊神话中的彩虹女神是神与人之间、天与地之间的信使。同样，人眼的虹膜帮助我们解读周围的世界，传达我们对外界的反应。

当光线到达眼睛的玻璃体后部时，光线会被视网膜捕捉，经过短暂停留转换成电子信号。视神经将数据源源不断地输送到大脑进行解读。光线在我们的脑海中形成图像，以记忆的形式被我们保留下来，所以我们即使闭上眼睛，也能将眼之所见再现于梦境当中，描述于言语之间。眼睛帮我们捕捉到了周围的世界。

视网膜上的视锥细胞能感知到颜色，蓝色、红色或绿色以及它们的组合包含了我们能感知到的所有色彩。视锥细胞越多，图像就越清晰。人类的眼睛有 3 种不同类型的视锥细胞帮助我们看到彩虹中的所有颜色，但并不能看到所有的光线。鸟类和人类一样，也是受视觉控制的动物，但鸟类的眼睛能看到更多波长的光线，因此也更依赖视觉。鸟类有 4 种视锥细胞，除了有和人类一样的对蓝光、红光和绿光敏感的 3 种视锥细胞外，还有对紫外线敏感的视锥细胞。此外，鸟类视网膜上的油滴如同智能手机相机的滤镜一样，能更好地感知色彩的细微差别。从这个意义上说，鸟类感知世界的方式不仅与我们不同，或许还要比我们高上一筹。不过视感最强大的还要数螳螂虾，它们有多达 16 个不同的羽片来感知光波。口足目动物对颜色的感知力是我们完全无法理解的。

人类的眼睛基本上是为适应白天设计的，随着夜幕降临，通过瞳孔的光子的进攻逐渐减弱，我们的视网膜发生变化，依赖光线辨识颜色的视锥细胞也失去了捕捉不同波长光线的能力。因此，夜晚世界的细节变得模糊，颜色也会变淡。如果你有耐心，可以试着深入黑夜感受一下自己的夜视力，你会发现，当你在黑夜中停留的时间足够长，你的夜视力会得到改善。黑暗中，视杆细胞（视网膜外部的视觉细胞）就会来接替视锥细胞的工作。视杆细胞对光线非常敏感，但与视锥细胞不同的是，它们没有对颜色或波长的感知力。因此，随着视杆细胞被激活，我们能够辨识黑夜中的细节，但看到的却是一个没有颜色的灰蒙蒙的世界。

与人类不同，许多动物更适应夜晚而非白天的光线，包括大多数哺乳动物，其视觉是为了适应黄昏生活而进化的。许多哺乳动物只有两种不同的视杆细胞，但都有促进视杆细胞捕捉光线的适应性。例如视网膜外一层额外的明毯，这层薄膜能够让暮光在视网膜上两次穿过，从而最大限度地利用光线。猫眼在黑暗中闪闪发光就是因为猫咪的眼睛拥有这样的明毯。

在蝙蝠的大族谱中，狐蝠是特立独行的一支。在非洲、亚洲和大洋洲，人们可以在日落时分看到这些体型庞大、样子庄重的狐蝠在黄昏中飞行。狐蝠以水果或花蜜为食，与它们体型较小、利用回声定位的亲戚不同，它们是通过卓越的夜视力来辨识方向的。狐蝠的眼睛有独特的适应性，其视网膜后方的眼底上有许多凸起的脉络膜，脉络膜内的血管被动而持续地为视网膜提供营养和氧气，尽管视网膜本身并不需要这些粗大血管来遮挡视杆细胞。

在蝙蝠利用回声在黑暗中导航定位之谜揭开之前，人们一直以为它们依靠的是其超自然的夜视力。因此，民间有许多关于蝙蝠，尤其是蝙蝠的血液让人拥有超凡夜视力的传说。比如一则源自 1874 年瑞典南方地区的民间传说就有这样的记载："用蝙蝠血擦拭人眼，可让夜间视力达到与白天相当的水准。"

被转移到人类身上的蝙蝠特征还不止于夜视力，比如，人们相信蝙蝠具有疗愈眼疾的功能，以及开阔视野、增进人类哲思的能力。有人还真的亲力亲为，躬行实践，中世纪的神学家和博物学家、后来被封为教会圣师的大阿尔伯特，即艾尔伯图斯·麦格努斯（Albertus Magnus，1206—1280）就是其中一位。大阿尔伯特精通古希腊哲学，是最早解释亚里士多德文本的西方人之一。他对蝙蝠的神奇力量深信不疑，为了获得最佳的夜视力以便通宵阅读和写作，他坚持每晚在脸上涂抹蝙蝠血。或许，他那本包含了龙和独角兽的相关段落的中世纪名著《论动物》就是在这样的条件下完成的。

3. 夜间感知

当大自然被夜色笼罩，就该是老鼠和刺猬出来觅食的时候了。这些小家伙小心翼翼地嗅着，等待着，前进着；接着，小白鼠和田鼠也飞快地加入了它们的行列。在黑暗的阴影中，猫头鹰正注视着它们，等待着扑向猎物的时机，它们无声的翅膀让它们几乎成了夜晚大自然里幽灵一般的存在。

世界上大约有 200 多种猫头鹰，其中绝大多数都是忠实的夜行者。每到冬春交配时，这些通常独居的动物的独特叫声会在日落时分或黎明前最寒冷的时刻响起。仓鸮凄凉的歌声在傍晚时分响彻平原，而大角鸮急促、反复的叫声则属于午夜。雌鸮和雄鸮相依为命，陪伴雏鸟长大，然后分道扬镳，回归独居生活。

在古代农耕社会，猫头鹰是农场主的帮手和朋友。每天晚上，它们和农场里的猫合作，驱赶粮仓里的鼠类，不给这些繁殖迅速的家伙破坏农场的机会。猫头鹰在黑暗中辨识方向的超能力，让人类对它的想象总是和神秘与智慧联系在一起，陪伴在希腊神话中的智慧女神雅典娜身边的，就是一只猫头鹰。但同时，围绕猫头鹰的迷信也关联着不详和死亡，因为它身上充满了与黑暗及其中一切未知事物的气息。

猫头鹰的大眼睛很难发现近距离的细节，但它们布满对光敏感的视杆细胞的视网膜却能有效捕捉到黄昏最微弱的光线，到了夜晚，它们就更是视力比人类好上百倍的夜猫子了。猫头鹰的头部可以绕脖转 3/4 圈，黑夜的信息被它一网打尽。那些夜间最活跃的猫头鹰，比如仓鸮，脑袋就像展开的天线接收器，哪怕最隐秘的猎物声响也能被它们捕捉到。由于猫头鹰左右耳朵的形状不同，两耳之间微秒的延迟能够让它清楚地辨识出声音来源的方向，确定猎物的位置。

另一种夜间活动的神秘鸟类是夜莺。它们在夜空盘旋发出悠长鸣叫的情景，构成了瑞典夏夜的经典画面。夜莺的鸣叫从远处听上去就像行驶的汽车，但靠近它们的时候，你可以听出这奇特的声音中包含着的单个音符。如果你用手电筒照夜莺的眼睛，它那红宝石般闪亮的大眼睛会回望你，夜莺眼睛内的反射膜（明毯）让它具有非凡的夜视力。夜莺的学名是 *Caprimulgus*，意思是“挤山羊奶的人”。传说夜莺在给山羊挤奶的时候，弄瞎了山羊的眼睛。也许人们相信夜莺夺走别的动物的视力，是为了给自己的眼睛赋能。

夜莺和大多数来北欧度夏的鸟类访客一样，一到秋天就开始向南方迁徙。夜莺在迁徙中严格地遵守月亮的节律，满月升起时，它们会停下来觅食，因为月光下更容易捕捉昆虫；随着月光逐渐暗淡，夜莺在两次休息之间飞行的距离变得越来越长。

在斯里兰卡，当地人相信猫头鹰是蝙蝠的伴侣；瑞典的旧方言中，夜莺和蝙蝠是同一个词，因为它们都是夜行性动物。直到17世纪，人们都把蝙蝠视为一种鸟类。然而，夜莺飞行靠的是卓越的视力，猫头鹰依靠的是视觉和听觉，而蝙蝠靠的是在黑暗中寻找方向的第六感，即回声定位。

18世纪的许多动物学家都认为，蝙蝠能够在黑暗中飞行，靠的是翅膀上超级敏感的皮肤。但在1793年，意大利人拉扎罗·斯帕兰札尼（Lazzaro Spallanzani，1729—1799）和瑞士人查尔斯·尤里内（Charles Jurine，1751—1819）共同证明，蝙蝠的耳朵才是它导航的秘密工具。他们给不同的蝙蝠戴上眼罩和耳塞做实验，发现戴眼罩的蝙蝠能在黑暗中绕开场地中的障碍物，并且蒙上眼睛的蝙蝠依旧能捕捉昆虫，可一旦被戴上耳塞，蝙蝠就什么都无法做到了。斯帕兰札尼和尤里内在他们的通信中描述了各自的实验结果。斯帕兰札尼将他的蝙蝠研究撰写成论文，但不知为何，这篇名为“Trattato dé Pipistrelli”(《蝙蝠公约》)的论文并没有发表，而他在科学界却是广为人知的，尤其是他对鳗鱼夜间迁徙所做的细致观察和研究。据说，斯帕兰札尼的研究启发了德国作家E. T. A. 霍夫曼（E. T. A. Hoffmann，1776—1822），后者的小说《睡魔》讲了一个女人偶将一个青年逼疯的恐怖故事。

直到1938年，蝙蝠的听觉导航能力才得到科学证实。确认了当年斯帕兰札尼和尤里内的推论正确的人，是来自哈佛大学的学者唐纳德·格里芬（Donald Griffin，1915—2003）。第一次世界大战后，军工企业在声呐技术试验中提出了蝙蝠具有感知高频音的说法，但他们并未对此观点进行过试验。于是，格里芬联系了一位制造超声波探测器的物理学家，他和同事一起把几只蝙蝠带进了物理实验室。很快，人类首次听到了蝙蝠的声音，“回声定位”这个术语也随之诞生了。

唐纳德·格里芬于2003年逝世，享年88岁，但直到晚年，他都一直活跃在蝙蝠研究领域的前沿。就在他去世的前一年，格里芬还参加了北美蝙蝠研究大会，这个大会颇有心机地选择在每年的万圣节前后举行。当格里芬走上讲台时，礼堂里座无虚席。在蝙蝠圈子里，他的地位几乎相当于查尔斯·达尔文。在他的演讲之后，我诚惶诚恐地走上讲台宣读我的论文，我简直不敢相信在大神的演讲之后还会有人对我要说什么感兴趣。我的论文是针对蝙蝠视力的研究，驳斥了种种关于蝙蝠视力的传说——蝙蝠视力弱，但绝对不是瞎子。我记得当时格里芬就坐在礼堂的前排听完我的宣读，这距离他突破性的发现已经过去64年，但他对蝙蝠的好奇心依旧不减。

为公平起见，我还必须提到荷兰人斯文·戴克赫拉夫（Sven Dijkgraaf，1908—1995）。这位蝙蝠研究者差不多同时得出了与格里芬相同的结论，但由于当时的欧洲处于第二次世界大战中，他的论文迟迟未能发表。总之，无论谁先得出的结论，两位学者都独立地证实了蝙蝠是通过声音来辨识方向的。

生物声呐或回声定位，指的是以声音及其回声探测和定位不同的物体。声波在物体上反弹并返回发送者，可以提供有关间距、物体大小及运动和速度的信息。波长越短，即音调越高，反射声波的物体就越小。人类的声音可以在山谷里制造回声，而蝙蝠却可以让哪怕是极其微小的昆虫反射声波。因此，它们可以在黑暗中捕食猎物。

蝙蝠掌握的声音导航和觅食的艺术，再加上它的飞行能力，使它成为动物群体中的佼佼者。但使用声波定位的动物还不仅限于蝙蝠，鲸鱼也是用声波定位的，只是它们听到的是低频音。此外，穴居油鸱、鼩鼱都有和蝙蝠一样能听到超声波的耳朵，以及利用回声定位的夜航能力。大约在六七千万年前，在地球的原始森林中，史前蝙蝠的回声定位系统和飞行能力开始共同发展、进化，无论是在浑浊的水域、幽深的森林，还是在洞穴内、夜空下，蝙蝠最终掌握了快速躲避和捕食猎物的本领，进化成为夜间捕食昆虫的专家，夜晚和黑暗成了它们躲避天敌的生态堡垒。

4. 晨昏性动物

西班牙画家弗朗西斯科·戈雅（Francisco de Goya，1746—1828）的一幅名画描绘了一个趴在桌子上熟睡的男人，他身后隐约可见成群的猫、猫头鹰和蝙蝠，它们都是黑暗和梦境的化身，也是黑夜中令人喜爱、迷人和令人恐惧的动物。画家将黑夜展现为一个属于他者的陌生世界，正如画中的题字：理智入睡，催生魔鬼。

蝙蝠使用眼睛辨识远距离的方向，就像我在蝙蝠大会上的论文中讲到的，民间流传着许多关于蝙蝠视力的传说，但蝙蝠并不是瞎子。因此，当我听说生活在墨西哥太平洋沿岸干燥林的克米拉生态圈保护区内的蝙蝠开始在白天出来活动的时候，我的兴趣来了。终于，在历时 3 个月、行程超过 4 000 公里的拉丁美洲长途旅行后，我和朋友一起来到了克米拉生物圈保护区。

在克米拉生物圈保护区里，蝙蝠把它们的家安在了考察站餐厅楼梯下的空间。这家餐厅的特色菜是油炸仙人掌，上面放很多墨西哥辣酱。我从餐厅的楼梯下开始对蝙蝠进行 24 小时监控。每天傍晚，当太阳消失在丛林背后，坠入太平洋的那一刻，蝙蝠就像接受了指令一样准时地飞出去。大约两小时后，它们会飞回来，在同一个屋顶下安顿下来。与此同时，考察站里追踪美洲豹踪迹的研究人员也返回了大本营。此刻，天色完全黑下来，只有考察站的学生宿舍门口的紧急出口指示牌发着微弱的绿光。偶尔一只犰狳在附近的灌木丛中沙沙作响，蝉鸣营造出一种奇异的背景音效。除此之外，四周一片静寂。

蝙蝠在日出之前会再出去转几圈，其余的大部分时间都将自己倒挂在天花板下，似乎在交谈或是争吵，有的还会四处移动着换地方；大多数时间里，它们都在整理自己的羽毛和翅膀，有时也会叫上几声，打个盹儿，随即醒来又开始互相挑逗。就这样，不管是白天还是黑夜，楼梯下的蝙蝠一直都有活动：夜里出来捕食，白天似乎并不都在睡觉，只在下午的几个小时里集体进入睡眠状态。

蝙蝠在白天出乎意料的活跃表明，将动物界分为昼行性动物、夜行性动物和晨昏性动物的分类方法着实有些简单了，尽管不乏实用性。昼行性动物的活动主要集中在白天，而夜行性动物则要等到光线开始变暗时才出来活动。人类是典型的昼行性动物，我们不适应在黑暗中进行复杂高级的活动，因为我们的感官太有限了，而且大脑需要足够睡眠才能处理周遭世界给我们的印象。因此夜幕降临后，我们开始犯困，行动也迟缓下来。坐办公室的人把电脑里的报表等文件存储，关上电脑，有的根本不关电脑就下班了，此刻大脑也进入了下班模式。下班的拥堵车流缓缓驶出城外，道路两旁的建筑作业车也都沉寂下来，天空残留着晚霞的余晖，路灯渐渐亮起来，这一切都在告诉我们，夜晚来临了。很快就是晚饭时间了，吃饱喝足的人们有的在沙发上消食，也有的到户外散步，还有一小部分人出门去上夜班。总之，人类在夜晚的活动都会有节奏地缓慢下来。

大多数猿猴类也和人类一样喜爱日间活动，除此之外，人类是地球上近 6 000 种哺乳动物中颇为奇葩的一类，因为，除人类之外大多数哺乳动物都喜欢在黎明和黄昏甚至夜晚活动。这个根深蒂固的取向在地球上各大洲还连在一起、今天的欧洲大陆上还覆盖着热带雨林的时候就开始了。在恐龙时代，最早的哺乳动物利用黑暗掩护自己的活动，因而进化出发达的夜视力。它们身上的毛发帮助它们探路，耳朵对最轻微的声响保持警惕，嗅觉适应了夜晚的气味。在黑暗掩护下进行活动的动物可以避开天敌，捕食夜间的昆虫。

许多哺乳动物最初的体型都较小，它们生活在树上或灌木丛中，以落叶做掩护，以种子、昆虫和其他小动物为食。只有在太阳落山后，它们才敢冒险出来觅食，这些哺乳动物祖先的遗传基因仍然延续在从食肉动物到鲸鱼和蝙蝠身上。当地球上的恐龙最终灭绝后，该是哺乳动物登场的时候了。它们的体型开始变大，敢于白天出入在恐龙消失后大自然空荡的神殿中。但哺乳动物在很大程度上依旧是晨昏性动物，比如家犬的嗅觉在傍晚会更灵敏。在我跟踪蝙蝠的夜间考察中，我看见过穿越公路的麋鹿，在田野里狩猎的狐狸，森林边闪闪发光的貂的眼睛。白天是哺乳动物最不活跃的时期，尽管有松鼠、一些有蹄类动物和大多数食肉动物也在日间活动，但动物仍然保留着一部分典型的夜间感知。

家猫看似胆小、懒惰，但生活在户外的流浪猫仍然充满野性。2013 年，BBC（英国广播公司）播出了纪录片《猫的秘密生活》（*The Secret Life of the Cat*），导演在英国一个社区选了 50 只流浪猫，给每只猫都安装了 GPS 定位芯片和微型摄像头，记录它们的一举一动。研究发现，所有的猫都有属于自己的领地，而且活动范围比我们对猫的想象要小。几只猫可以共享一个领地，分时巡逻，有负责晚班的，有负责白班的。有些猫咪是明显的晨昏性动物，有些则整个白天都很活跃。野猫抢夺家猫食物的事情时有发生，一旦被发现，家猫与野猫的大战就不可避免。类似的研究，瑞典人乌洛夫・里伯格（Olof Liberg）早在 20 世纪 70 年代就做过。他用无线电发射器跟踪生活在乡下的猫，发现野猫的活动范围可以是家猫的 3 倍，捕获的猎物是家猫的 4 倍。野猫在黄昏和黎明的暗影掩护下，依仗超强的夜视力展开对猎物的攻击。

大自然的暮色中充满生机，借助夜视摄影机，我们终于看到了许多动物在黑夜掩盖下的活跃状态。例如，白天捕食的猎豹在满月的夜晚，依旧会利用平原上的月光反射袭击猎物。

白天活跃在非洲大草原上的大象，有时会在傍晚暑气消退后，在母象带领下寻觅水源，但近年来，非洲象群为避开偷猎者，开始更多地活跃在黄昏和夜晚。研究表明，年长的大象很清楚自然保护区的界线，知道哪里安全，哪里有遭受人类迫害的危险。它们会带领象群在黑暗的掩护下，迁徙于自然保护区之间。

在炎热的沙漠地带，夜晚更是所有生物的避难所，就连仙人掌也只在黑暗中开花，等待蝙蝠来授粉。

我对墨西哥生态研究所楼梯下的蝙蝠的研究，最终并未取得科学成果。不过，就在我观察蝙蝠的时候，远处的博茨瓦纳正在启动一项关于横斑獴（缟獴）的研究计划。横斑獴是生活在草原上的猫科食肉动物，与猫鼬属同科，迪士尼电影《狮子王》中的丁满就是一只横斑獴。獴一直被认为是典型的昼行性动物，但人们在对它们深入观察研究后发现，獴的夜生活也相当活跃。有的獴会在夜晚搬家，有的和入侵者战斗，还有的去别人的领地挖洞，原来，夜空下的横斑獴才真是忙碌呢！

生命已经适应了昼夜的明暗变化，研究更多动物能帮助我们了解昼夜变化对生态的重要性。我们生活在被照得越来越亮的世界，昼夜的分界日渐模糊，许多生命活动的模式也因此改变。至于这种变化对动植物究竟意味着什么，还有待研究。

5. 不合时宜的歌声

蟋蟀和蝈蝈持续高亢的鸣叫，是人类最熟悉的夜空下的声音之一，尤其在北半球纬度偏南地区的夏夜里。有人喜欢蟋蟀的叫声，甚至把录制的原声当作催眠曲，也有人根本受不了。2017 年，美国驻古巴大使馆发生了一件奇特的事，20 多名外交官同时感到严重的头痛和眩晕，许多人表示他们听到了一种刺耳的噪声，有人还猜测使馆遭受了某种声波武器的恐袭。最终破案的结果是，这刺耳的声音来自蟋蟀。蟋蟀用叫声宣示领地所有权，雌性用叫声吸引雄性，最重要的是，当夜晚来临，雄性的鸣叫是为雌性送上的小夜曲。

蟋蟀之歌与昼夜交替关系密切，因此，光线强度的任何微小变化都会直接影响蟋蟀鸣叫的时机，导致蟋蟀无法准时赴约，从而失去交配的时机。如果光线过强，蟋蟀幼虫（若虫）也会推迟生长期。因此，对于昆虫来说，昼夜变化是大自然给它们的提示，蟋蟀可以根据光照强弱的变化调整发育和成长的速度。

蟋蟀的歌声不仅会吸引来异性，捕食者也会循声而至。因此，如果蟋蟀被错误的光线诱导而唱错了歌，那许多还没来得及交配的蟋蟀就有可能成为捕食者的盘中餐。黎明到来时还在围着灯柱转圈的蟋蟀，很容易成为鸟类、老鼠、蜥蜴、蟾蜍和蜘蛛等食肉和杂食动物的猎物，就像送到嘴边的美食。当然，蟋蟀最大的天敌还是蝙蝠。

瑞典哥德堡大学的一个关注飞蛾和蝙蝠博弈关系的研究小组，用一台能够像蝙蝠一样发出高频音的小型超声波发声器，来观察飞蛾对声音的反应。每按一下远程控制器，一只被选中的飞蛾就被迫俯冲到地面，来个急转弯，或在黑暗中绕圈；再按一下，飞蛾的翅膀停止扇动；再按一下，飞蛾改变飞行方向以迷惑捕猎者。当蝙蝠嘶叫着来捕捉飞蛾时，飞蛾能即刻探测到蝙蝠的到来并做出防御，因为飞蛾能听到蝙蝠发出的音量最高可达 130 分贝的高频声音，所以在正常情况下能成功地避开夜晚的狙击手。

然而，当把这个实验搬到路灯下测试时，灯光仿佛具有欺骗飞蛾自然听觉系统的能力，飞蛾失聪了。由此可见，飞蛾对危险的判断取决于光线变化，白天的主要威胁来自鸟类，而蝙蝠是夜间的重要天敌。这项研究成果发表于 1998 年的科学期刊《动物行为学》上，这篇一直无人问津的论文随着人们对光污染的研究被重新认识和重视，过去一年（2019 年）里，该论文被引用的次数相当于它被发表后 10 年内的总和。

夜行性昆虫的眼睛对绿光、蓝光和紫外线具有超强的敏感性，当在户外遇到这样的光源时，它们也会被吸引。近些年来，橙色路灯基本取代了老式的白色路灯（汞灯），因为白灯会发出紫光吸引昆虫。过去在路灯下每隔 50 米就会看到灯柱下聚集的昆虫云，现在这种情景已经不多见了。但另一方面，路灯数量增多，类型和波长各异，对昆虫的吸引力也各不相同。现在，最新式的路灯发出的灯光也不再是橙黄色了，而是一种更接近自然天光的浅黄色，让我们好像又回忆起老式白灯的诱人光芒。一盏标准的路灯能将远处 20 米甚至 50 米开外的昆虫吸引过来，加上路灯分布密集，昆虫要想不被光源吸引而穿越马路都很困难。可以说，就昆虫而言，我们的街道、人行道上处处充满着障碍物。昆虫大量会集到光亮处，而黑暗处的昆虫剧减，这会造成整个生态系统向都市转移，对于整个昆虫的未来来说，这就是一种慢性灭绝。

即使我们努力将路灯改进为对昆虫更友好的黄灯甚至红灯，或者设计出波长恒定的灯，以减少人造光对昆虫飞行定向的干扰，但一个难以改变的现状是，人类无法停止向空中散射光线。一盏没有灯罩的灯向大气辐射的光和能量，要远多于照亮人行道的光和能量。这么多外溢的光形成一种光晕，即所谓的“天光”。在阴天的夜晚，当光线反射回地面时，天光会将我们的城市笼罩在黄色的穹顶之下，在没有月亮的夜空中，成为昆虫面临的另一个问题。

洒满月光的大地，提醒昆虫要留在地面上，不然月下飞行很容易被天敌捕食。通常情况下，这本是自然规律，月亮依照它的运行规律，阴晴圆缺会影响和触发其他动物的生物钟，是自然界中可依赖的参照物。有时，哪怕只是一片乌云遮住月亮，昆虫也会伴随着月阴在黑暗中起飞。然而，当夜空被人造光照亮，在昆虫眼中，它们就像是永远地处在满月和比满月更明亮的光线中。在这样的夜空下，即使彩云追月也无济于事，相反，云彩会把光线再度反射给地面。

6. 内置灯管

生物身上的图案花纹和警示色，从一开始就是为了伪装，恐吓、欺骗、诱惑或是向对方发出自带毒性的警告。大自然经过数百万年的进化，找到了将这些目的在一天中最恰当的时间发挥最大效应的时机。当人类点亮灯泡，自然界的颜色被反射出不同的色泽，图案花纹也会变形。人类社会的灯光种类繁多：白炽灯泡、广告牌、日光灯、路灯……色彩、亮度和波长五花八门，争奇斗艳地照亮我们的黑夜。色彩的反差在不同光线下的表现完全不同，对于动物来说，本是用来吸引异性的颜色反倒可能会将自己暴露给天敌。

有一种叫白纹蝠蛾的飞蛾，为了能在暮色中炫耀，每年都会不惜一切代价地上演一场壮观的明星秀。白纹蝠蛾是一种没有听觉的大型白垩色蛾子，每年 6 月，它们会成群地出现在荒原草地上。当草地间的溪流和岩穴间升起薄雾，啄木鸟最后一次发出归家的信号时，第一波白纹蝠蛾便开启了夜晚的第一次巡视。它们在田野中散开，好像在攀爬隐形的梯子，上上下下好不忙碌。没过多久，第二波白纹蝠蛾也到位了。很快，田野变成了一片闪动着银白色翅膀的海洋，在上方的都是雄蛾，它们拼命炫耀着自己，希望吸引到雌蛾。它们的交配舞蹈每年都会在同一地点、同一时间发生。在傍晚稍纵即逝的光线中，白纹蝠蛾那白垩色的翅膀被深绿色的草地衬托，清晰可见。与此同时，它们也将自己置于一场危险的游戏。没过多久，一只在外巡逻的北方蝙蝠就从距离地面 4 米的高度一头扎下去，优雅地转个圈，草丛顶端的飞蛾就被它吞入腹中。我曾多次目睹白纹蝠蛾为传宗接代而进行的华丽舞蹈，也看见过从树丛中俯冲向草叶的蝙蝠，它们厮斗的草丛大约经过一刻钟的摇曳后趋于平静，大片蛾子银白色的翅膀退去，蝙蝠接着上路飞行，留下草地上猫头鹰的嘶鸣，似乎在宣布今晚的演出已结束。仲夏的黄昏已逝，短暂的白夜也即将到达终点，很快，该是迎接黎明的时候了。

有一年，我在野外一条长满野草的沟渠里发现一只白纹蝠蛾，孤独地在夏夜里表演着在草地的隐形梯子上上下下的舞蹈。我才意识到已经很久没有看见过白纹蝠蛾成群翩翩起舞的壮观景象了。大自然的黄昏已经被人造光驱走，大规模标准化农业作业取代了田野自然的休养生息节奏，就连飞蛾的数量也变少了。

白纹蝠蛾之所以在黄昏中飞翔，是因为它们选择的时段，正是自然光照在它们白色的翅膀上反射最强的时候，因而也是最有效地吸引异性的时刻。在人造光的干预下，飞蛾翅膀的亮色会被减弱，白纹蝠蛾的交配舞蹈的效果毫无疑问也被减弱。尽管还没有专门针对这方面变化的科学研究，但光线带给其他物种的困扰已是既成事实。另一个明显的例子是发光蕈蚊，这种自带内置灯笼的甲虫分布在世界各地，它们用星星点点黄绿色的光，点缀着夏日夜空。因为雌虫没有翅膀，看起来像毛毛虫，所以被误称为“虫”。黄昏时分，雌性发光蕈蚊爬上树叶或草叶，发光的背部指向天空，等待异性伴侣的到来。很快，雄性发光蕈蚊就被吸引过来了。发光蕈蚊诱人的光芒在夜色中看起来就像一个个小小的二极管，雄性发光蕈蚊也会发光，但光线轻微，没有雌虫的幽绿色。

每年有几十万游客前往位于新西兰怀托摩省的地下溶洞，观赏由发光蕈蚊打造的奇观。成千上万的发光蕈蚊闪烁着幽蓝的光，就像波光粼粼的海面上闪烁的月光。这里的发光蕈蚊与北半球的同胞不同，它们都是身体细长的孑孓，每到春天孵化后会用丝线编织窝巢。新西兰地下溶洞的洞顶上聚集着无数个发光蕈蚊的丝线小巢穴，每个巢穴上挂着 20 多根长丝线，黏稠的水珠挂在丝线上，向四面八方反射着光线。洞顶就如一块神秘的脉动地毯，将众多小昆虫困在其中，也包括自带二极管光源的发光蕈蚊幼虫。这种幼虫有时被称为蜘蛛蠕虫，因为它们能像蜘蛛一样织网和捕食。成虫也会发光，很可能是出于交配的目的，毕竟这是成虫一生唯一的任务。一旦雄蚊找到了配偶，雌蚊将卵产在洞壁上后，雄蚊就完成了它们的使命。死去的雄蚊将其位置留给新一代发光蕈蚊幼虫。

位于澳大利亚的塔斯马尼亚岛也有一个备受关注的萤火虫地下洞穴，由于萤火虫的光在遇到外来光干扰的时候会变暗甚至消失，所以这里禁止任何人造光。当人的眼睛完全适应黑暗时，发光的萤火虫奇观才达到最佳效果。当我在黎明前的新西兰森林里漫步时，为我带路的就是林中数以万计的萤火虫。它们蜿蜒飞舞，就像一条在黑暗中喘息的火龙，萤火虫发出的光非常强烈，在长达 5 公里的路途中，我完全没用到手电筒。事实证明，只要没有外来光线过多的干预，萤火虫的光不仅明亮，而且持久。

雌性萤火虫的内置灯管要到黄昏到来时才会亮起，因此，白天的大多数时间它们都躲在藏身之处等待暮色降临。然而，被人造光改变了的户外环境会让萤火虫误以为白天还没有结束，因此它们的灯管也迟迟亮不起来，尽管它们体内的生物钟已经被交配的本能催促得蠢蠢欲动。有时，萤火虫也会点燃灯管爬出草丛侦察，但它们的光线轻易就被周边的人造光淹没了。雄性萤火虫对光线非常敏感，哪怕只是满月亮度的光都会影响到它们寻觅配偶的准确性。被人造光照亮的环境也会误导萤火虫，让它们朝着更亮的光源飞去寻找雌虫。有时，雄虫可能会被从窗户、汽车或路灯发出的光迷惑，错误地开始一趟超过它们身体能力的长途飞行。

萤火虫主要分布在气候温暖的地区，闪烁的光有黄色、琥珀色、橙色和绿色，这也是萤火虫用类似莫尔斯电码的方式互相交流的方式。在中国神话中，萤火虫会在平原起火时出现；在日本，萤火虫是亡灵的象征。孩子们收集萤火虫、制作走夜路的灯笼的传统在许多国家都有，只是现在可能仅仅出现在给孙辈们讲的故事里了。

萤火虫属于鞘翅目，通常情况下，雌虫保持在静态中发光，而雄虫会飞。萤火虫的交配舞蹈由雄虫向雌虫闪光，雌虫闪烁回应，雌雄结合共同发光。萤火虫在光的引导下觅食，也通过闪烁警告它们的捕食者，自己的身体有毒。萤火虫的聚集也是奇观，例如在菲律宾的红树林，有时会看到萤火虫统一发光，发出如同脉冲控制板上涌动的光芒。雌虫静坐在树上，发出翠绿的光芒，雄虫则围着树飞行闪烁，回应着雌虫。它们的节奏整齐划一，就像一场来自异世界的神奇的圣诞表演。在神话中，萤火虫是逃逸的亡灵，在夜空中为迷路的旅人指明回家的路。

7. 明亮的春天

环保运动的重要代表人物之一，美国作家、海洋生物学家蕾切尔·卡逊（Rachel Carson，1907—1964）于 1962 年出版的名著《寂静的春天》，批判了杀虫剂滴滴涕的广泛使用，预言了我们今天看到的昆虫灭绝的景象。她在书中描绘的生态系统崩溃后的异托邦情景中没有昆虫，没有鸟类，没有歌声。1969 年，瑞典成为世界上第一个禁用滴滴涕的国家，很快，许多国家紧随其后。如今，尽管春天没有像卡逊预言的那样完全寂静，但食虫鸟类与它们的猎物一样都呈减少趋势，只有那些能在城市中觅食的杂食性鸟类的情况略好一些。

欧乌鸫是一种叫声婉转、极具特色的城市鸟，也是瑞典的国鸟。如果回到植物学家林奈生活的 18 世纪瑞典，那时的欧乌鸫属森林鸟类。它们喜欢栖息在幽暗丛林中，谨慎地在潮湿、阴暗的灌木丛中活动。欧乌鸫在草丛中觅食时，它们深色的羽毛与林木完美地融为一体，成为天然的迷彩服，就是它的鸣唱也很隐秘，不易被天敌发现。然而，随着 19 世纪工业化进程的发展，欧乌鸫变成了城市的一部分，即使天气变冷，它们也不再南迁，而是留在城市里一直鸣唱到深秋。似乎是为了和城市噪声竞争，欧乌鸫的叫声也变得越来越响亮。

在德国的古城莱比锡，研究人员发起了欧乌鸫夜晚行为的研究项目，他们尤其想要调查欧乌鸫在日落后多久仍在捕食。研究人员把在森林环境和公园环境中观察到的结果进行比较后发现，路灯越亮的地方，欧乌鸫活跃的时间就越长。这和人类对灯光的反应一样，而且这种模式在春天来临之际尤为明显。

我在做蝙蝠的田野调查时，工作结束回家时往往已是凌晨。可就是在凌晨两点，我已经能听到晨起的鸟鸣声了，这完全颠覆了常理说的黎明的鸟啼。光亮对鸟的影响很直接，只要有相当于满月的光亮就足以触发一些鸟儿的鸣叫，尤其在开春时节，鸟儿在建立繁殖领地，就像早起的鸟儿有食吃一样，早起的雄鸟能通过持久的鸣叫获取更多雌鸟的芳心。

在莱比锡以南约360公里处的慕尼黑，研究人员通过追踪欧乌鸫的日常，研究光照对它们的影响。他们在欧乌鸫身上安装小型光照记录器，测量它们在一天中接收的光照量，并将信息储存到芯片中。用这种方式，研究人员获得了如下信息：城市中的欧乌鸫在夜间接收到的光照量比森林中的同类平均高出1 000倍以上。如果说森林中的欧乌鸫接收的光照量相当于多云的秋夜的话，城市欧乌鸫就相当于每天都生活在满月下；此外，城市里的欧乌鸫比森林里的欧乌鸫至少多获得一个小时的光照。

2019 年秋，瑞典人发觉欧乌鸫的鸣唱比以往任何时候都多，尤其是在首都斯德哥尔摩。这一年入秋时的温度还很高，再加上城市的光污染，欧乌鸫误以为这里依旧是春天。因此，在一个典型的北欧冬夜里，欧乌鸫的低吟突然变成了充满挑逗性的交配之歌。对于大多数瑞典人来说，他们从小的深刻记忆就是欧乌鸫的叫声代表着春天的到来，而当欧乌鸫在冬天发出春天的鸣叫声，人们对时间的感知也被扰乱了：此时商店里播放的圣诞歌曲显得多么不合时宜呀！

城市鸟类的生活习性与森林鸟类有许多不同。比如，城市鸟类花更多的时间唱歌、社交和觅食，它们的交配季也更长；有时候，城市鸟类比森林鸟类要多一个月的时间来生育幼鸟，因为它们的性成熟提前了，有的甚至在一个季节里生几窝小鸟。这不仅因为城市鸟类接受的光照时间（尽管是人造的）更长，也因为城市里的温度更高，鸟类在城市中的天敌更少。至于到底是不是城市鸟类比森林鸟类过得好，我们还不清楚，至少原以为的延长光照对鸟儿身体有益处的判断并没有得到证实。

伴随着春天的到来，阳光激发了鸟儿交配的欲望，它们唱歌鸣叫，开始发育。漫长的冬天过去了，白昼越来越长，气温也逐步升高，鸟儿开始增加产卵量，昆虫也复苏了，正等着被鸟儿大快朵颐的命运，这时的雏鸟可以被孵化了。控制激素分泌的大脑下丘脑和松果体中的特殊感光受体，不断调整生物遗传的内部时钟，朝着优化下一代的目的奔赴。但是，由于光线欺骗了鸟儿，篡改了春天和夜晚到来的时间和时长，鸟类性成熟的节奏错乱了。这种变化积极地看是增强了鸟的竞争优势，但弄不好雌雄鸟就可能会错过交配的时机。如果雌鸟还没吃饱就开始孵蛋，身体压力会增加。美国佛罗里达州的一项研究表明，受人工光照影响的灰麻雀，如果感染上西尼罗热（一种与黄热病和丙型肝炎有关的病毒性疾病），受感染时间平均会延长两天。由此可见，城市照明会抑制鸟类的免疫系统，继而增加鸟类向人类传播病毒的风险。

蝙蝠和鹿都是在秋天交配，它们当然不愿意把幼崽生在隆冬。因此，雌性蝙蝠会将精子储存到春天，等待天气启示它卵子受精的最好时机。如果体力允许，蝙蝠还可以将交配季节延长到冬季，母鹿也会把受精卵的胚胎发育拖延到开春，这样小鹿就不会过早出生。影响动物天性的适应性功能有许多因素，光照时长是其中一个重要因素。

生活在澳大利亚西南部的袋鼠在夏至后 6 周产下幼崽，这样可以确保雌袋鼠有足够的食物，为哺乳小袋鼠而产最多的奶。光线是指挥袋鼠行动的发令枪，光线的变化就像日历一样，告诉袋鼠什么时候时机成熟。但不久前，澳大利亚的一个袋鼠栖居地的工作人员注意到，袋鼠生育的时间比正常晚了一个月。原来，在袋鼠栖居地附近兴建了一个海军基地，基地夜晚投射的聚光灯直接照射到袋鼠的领地。人造光用错误的光波长度掩盖了自然变化，扰乱了夜晚的节律，袋鼠的激素系统被搞乱了，从交配到分娩的整个过程都被推迟了，因此，当新出生的小袋鼠嗷嗷待哺的时候，当季的食物却已经被消耗得差不多了。

8. 星罗盘

位于地球北方的瑞典，每到夏季，大自然丰富的食物供应会吸引来种类繁多的鸟类。但随着天气变冷，黑夜变长，成群结队的鸟儿开始南迁。在全球范围内，候鸟迁徙的路径从极地夏天 24 小时的白夜到热带地区昼夜有规律的均分，从冬季到夏季，从雨季到旱季，哪里有食物，鸟儿就在哪里筑巢。有些迁徙鸟类，如北极燕鸥，每年要迁徙 4 万公里，几乎绕地球一圈。

鸟类为了能年复一年地回到老家，发展了各种本领和技能，比如它们对地标有着超强的记忆力，能依靠太阳导航，还能感知和读取地球磁场信息，相当于鸟类拥有内置的指南针帮它们定位。科学家对迁徙鸟类的指南针功能的长期研究，证实它们体内确实有一种具有磁性的铁矿颗粒，但这可能只是部分原因。也有很多证据表明，鸟类的视网膜边缘有一圈含有对蓝光特别敏感的隐花色素蛋白，协助鸟类控制昼夜的节律。这类隐花色素蛋白在一些动植物体内都有，确实能对磁场做出反应，或许有些鸟类和其他动物真的能够看到地球的磁场。

为了保障年复一年辗转数千公里的旅程最后能返回到同一个地方，鸟类还会利用夜晚的标识。鸟类的夜间迁徙非常普遍，尤其是小型鸟类，接近 2/3 的候鸟都是在夜间进行长途飞行的。

20 世纪 50 年代，鸟类学家埃莉诺・绍尔和弗朗茨・绍尔（Eleanor and Franz Sauer）建造了一个玻璃笼子，用以观察在候鸟迁徙期间有明显在夜间飞离笼子意愿的小鹦鹉的行为。他们发现，在繁星闪烁的夜晚，小鹦鹉会非常努力地朝着一个特定的方向飞，但当夜空被阴云遮蔽时，它们就变得比较平静，仿佛迷失了方向。绍尔夫妇想通过试验证明鸟类依赖夜晚星星的位置导航的假设。随后，他们又建造了一个小型天文馆，将模拟星星位置的图像投射在天花板上，再次把小鹦鹉放进去。结果他们发现，只要把星星的图像投射在深蓝色的天花板上，所有的小鹦鹉都会朝着同一个方向飞行。但如果把星星熄灭，鸟群就会四散开来。经过一番尝试后，一些鸟儿会安静下来，整理羽毛，似乎在等待着天气变好时继续飞行。最有趣的是，绍尔夫妇发现当他们转动整个投影，星星的位置发生变化后，鸟儿的飞行方向也会改变。很显然，鸟儿们在研究星空，并根据星星的位置做出反应。那么，它们是如何做到的呢？

北极星是生活在北半球的人们最熟悉的一颗星，它位于距离地球 400 光年的太空中。在瞬息万变的星空中，这颗北半球星空最清晰可见的星就像一座恒久不变的灯塔。围绕着北极星，北斗七星和整个星空随着夜晚的节奏逆时针缓慢旋转，可以说北极星是天极，相当于地球上的北极，历史上的航海家都把北极星当作航行中的罗盘。鸟类很有可能也掌握了这个工具。继绍尔夫妇的研究后，一位名叫斯蒂芬·T. 埃姆伦（Stephen T. Emlen）的科学家想要进一步探索究竟，他选择了每年在北美和加勒比海之间迁徙的美丽的靛蓝彩鹀作为研究对象。埃姆伦把鹀鸟放在一个有墨水的设备中，它们的每一个动作、每一次跳跃都会在纸上留下墨水痕迹。埃姆伦创建了一个模拟鹀鸟在白天和黑夜不同情况下看到的天空的模型，之后小心地选择夜空中不同的星座，依次进行遮蔽。最终，他发现靛蓝彩鹀的导航星是北极星和北斗七星。

接着，埃姆伦让自制的星空图围绕着另一颗恒星旋转，将天极从北极星转移到位于猎户座的明亮的红色巨星参宿四。读过道格拉斯·亚当斯（Douglas Adams）的经典著作《银河系漫游指南》的人都知道，参宿四上的氢气已经耗尽，因而它发出的是红光而不是白光。参宿四随时会爆发成超新星，有可能是今天，也有可能是 1 000 年后，而一旦发生，即使在白天我们也能在地球上用肉眼看到这一奇观。总之，在 12 月的夜空里，猎户座肩甲上的参宿四是最明亮的一颗星。当埃姆伦的靛蓝彩鹀看到天空围绕着参宿四而不是北极星旋转时，它们就瞄准参宿四，将它作为北上飞行的坐标。然而，另一群被埃姆伦欺骗、误以为此刻的天空是秋日天空的雀鸟，却试图朝着相反的方向飞。绍尔夫妇和埃姆伦的实验，在过去半个世纪里被反复测试过多次，大家得出的结论都是鸟类具有研究星空的天然的条件反射，并且定位在最靠近天极的星。鸟类就是依赖这种知识和它们体内的指南针，完成围绕地球的漫长夜间迁徙。

我们早就知道，鸟类在晴朗夜空飞行时，会竭力靠近星星，因此飞得很高；遇到阴天、雨天和雾天时，鸟类的飞行高度会降低，这让它们很容易被地面的灯光和建筑物迷惑。世界各地有许多鸟类与桅杆、塔楼和灯塔相撞的记录。1968 年发生的一起著名事故中，5 000 多只以鸣禽为主的鸟撞到了美国纳什维尔州的电视塔。在加拿大南部安大略省的长明灯塔下面，自 1960—1969 年期间，人们收集到 7 000 多只撞塔的鸟类尸体。其实，早在 1880 年，人们就注意到了鸟类与灯塔相撞死亡的情况，美国东海岸和南海岸的路易斯安那州、佛罗里达州、北卡罗来纳州和南卡罗来纳州一带的灯塔是鸟类最容易受伤害的地方，因为这些灯塔正好位于鸟类的主要迁徙路线上。

利用灯光的催眠作用，人类发展了一种狩猎动物的方法。例如，在 20 世纪初的印度，人们在刮南风、起大雾的晚上，用灯笼作诱饵能够轻松地捕捉到鸟；在非洲大草原，游客可以在黄昏时分参加用移动光源吸引鸟类的旅游活动。早在电灯出现之前的 1883 年，达尔文的朋友和年轻同事乔治·约翰·罗曼尼斯（我在“吸尘器效应”一节提到过他）就把光对鸟的吸引力与对飞蛾的吸引力相提并论。他还注意到鱼类在悬挂灯笼的船只周围也有类似的行为，这是渔民们自古以来就知道的。

罗曼尼斯推测，燃烧的火焰是自然界中一种不寻常的现象，它可能被误认为是白色的花朵或其他激发了鸟类与生俱来的好奇心的物体。

9. 炫目的城市

每年 9 月 11 日，纽约世贸中心双子塔遗址上“光之致敬”的艺术装置会被点亮。两道由 88 盏聚光灯组成的蓝光灯柱射向夜空，天气晴朗的夜晚，灯柱可抵达 5 公里之上的大气层，尽管周边一片灯火辉煌，在 100 公里外，灯柱依然清晰可见。“光之致敬”是为了悼念 9 · 11 恐袭的遇难者，每年都有数以万计的人参与这场纪念活动，与此同时，这也是候鸟迁徙途经纽约的时节。这个一年只开一晚的灯柱为科学家提供了研究光效的绝佳机会，在 2010—2017 年期间，科学家观察到了候鸟围绕这两道仿佛天外来客的灯柱做出的一系列异常反应。灯光开启后不久，大群鸟儿就聚集在灯柱附近，吵嚷着围着灯柱转圈。7 年观测下来，科学家估算灯柱周围至少聚集过 100 万只鸟，而灯光一熄灭，鸟群便立刻散开。这项研究清楚地表明，鸟类确实受到了灯光的影响和迷惑。

以美国为例，随着摩天大楼越盖越高，灯光对鸟类的影响也越来越严重。大都市的夜空几乎很难看到星星，城市灯光抹去了星光，也诱使鸟类从正常的飞行高度下降。随着城市的扩张，灯光进一步向乡村和大气层扩散。依赖星星导航的夜行性鸟类一旦进入城市的楼群中，各种灯光、反光玻璃和障碍物会像迷宫一样将它们困在其中。明亮的灯光还会对鸟类起催眠作用，令它们像飞蛾一样被迷惑。就像乔治·约翰·罗曼尼斯描述的，市中心的光远远看去就像地平线上发亮的光带，引诱鸟儿向它靠近而偏离航向。光线会阻碍鸟类自然的夜视力，迫使鸟儿降落到地面上寻找地标。

美国犹他州的大盐湖是北美最丰富的鸟类栖息地，每年有上百万的鸟途经这里，包含滨鸟、海鸟、涉禽、歇息的鸟或筑巢的鸟等 300 多种，在咸水湖及其周围的湿地栖居和繁殖。大盐湖西南部坐落着有近 20 万人口的盐湖城，按美国的标准，这不算是个大城市，但仍然主办过 2002 年的冬季奥运会。盐湖城的前身是一个重要的采矿区，也是摩门教教徒为逃避迫害而迁移的避难所。近年来，城市沿着大盐湖东岸快速扩张，从郊区别墅区和市中心发散的光反射在这里含盐量高、营养丰富的湿地上，给盐湖城的天空抹上一层淡淡的橙色。

自 2014 年以来，位于盐湖城市中心的特蕾西观鸟园和鸟类教育中心，开始致力于向公众宣传光污染的危害性。活动得到居民们的热烈响应，各个年龄段的居民都行动起来，他们在市中心清点死鸟的数量，拿着城市地图实地考察，标识出“不必要的光”的位置，例如打在建筑物外立面上的装饰灯，还有缺少合理灯罩、过分刺眼的路灯。

特蕾西观鸟园还发起了一项请愿活动，鼓励居民在请愿书上签名，承诺在鸟类迁徙季节（每年的 3—5 月和 8—10 月）关闭花园的灯，调暗窗内的灯光，并详细记录他们为减少光污染做出的行动。所有参与者还会得到一个标牌贴在自家房子上，标牌上有站在黑色城市高楼剪影前的 3 只鸟，背景是若隐若现的落基山脉西界陡峭的沃萨奇岭。当地居民相信，这座大山岭夜晚应保持黑暗，从而使远山和盐田之间自然光线的对比得以供未来几代人欣赏。

10. 伪夏天

某年深秋的一个下午，我漫步在哥德堡街头，感受着路边咖啡馆用咖啡和甜面包营造出的秋天气息。路边的万圣节装饰已换成了迎接圣诞节的烛台，让人禁不住想坐下来，裹上一条毯子喝杯热咖啡，跟随着秋天的节奏陷入沉思。不过我没有停下脚步，我注意到道路两旁的大部分树木已经开始落叶，但桦树和枫树的叶子正红得像火，被树下的射灯照射，看起来更是五彩缤纷。从人类的角度看，这情景其实很美，但又让人感觉哪里不对。

植物利用生长在植物细胞内叶绿体中的叶绿素捕获阳光，经过反射呈现为我们眼中所看到的颜色。新叶是翠绿色的，因为刚发芽的叶子过滤的是照射到地面的春光；很快，伴随着夏日的到来，叶子的颜色会变深；到了秋天，随着光照减弱和白天变短，叶绿素消失，树叶呈现出各种火红的颜色，直到最后悄然落下，树木为迎接寒冬做好了准备。

然而，就像异常温暖的天气影响树木的生长一样，灯光也能欺骗叶子的变化机制，让树叶的凋零一直延长到深秋。在欧洲大陆，植物学家观察到长在路灯旁的楸树和枫树，树叶要比自然光下的同类多出 3 周的生长时间。

春天的人工光照同样可以加速树木的苏醒，缩短其休眠期，让新芽提前绽放。例如，路灯旁的橡树和山毛榉树等大型树木会提前约一周发芽，而小型植物则更为敏感，甚至会在冬春之交就开始发芽。因此，当农村的森林还在幽暗环境中沉睡的时候，城市里的树木却在霜冻还未消退时，就已经做好了迎接夏天的准备。不夸张地说，城市紧张的生活节奏也控制了植物王国。

一直以来，植物的生长都是跟随季节的变迁找到自己最合适的节奏，春华秋实是自然的规律。如果植物提早释放种子，让它抢先落入土壤，这可能会让植物在占据土壤上获得优势。但春天也可能是险恶的，一场倒春寒袭来，新长出的嫩芽或许就会夭折。植物需要依靠周围环境的指引，比如苹果树，但提早萌芽的花蕾会在一场春天的霜冻中被冻掉，这是许多果农都有过的经历。瑞典农业科学大学的研究表明，这种情况近年来发生的频率越来越高了。植物一直需要根据温度、光照时长和光照颜色来调节系统内正确的生长时间和节奏，然而，全球变暖加上人工光照给植物的生态系统带来严重问题。

罗伯特·亨特（Robert Hunt，1807—1887）是最早研究植物对不同波长光线的反应的科学家。这位多才多艺的科学家学习过物理、化学和解剖学，还是一位优秀的作家、诗人和艺术家，是一位真正驾驭艺术和科学的文艺复兴式人物。罗伯特·亨特一生的至爱是摄影。在他年轻的时候，照相机还是个新生事物，亨特很早意识到了这种新媒介的可能性和力量，他将自己的化学知识运用在照片显影的实验中，并通过物理学知识对光及其波长展开研究。

1840 年前后，罗伯特·亨特发现，不同波长的光会对植物产生不同的影响，太阳光中波长较短的蓝光和紫光，会触发种子发芽，而波长较长的红光会触发植物的开花过程。直到 20 世纪，人们才搞清楚这是植物中不同的光敏色素在起作用。光敏色素是蛋白质，它们会根据环境光照条件呈现出不同的形态。当光线发生变化时，光敏色素就会被迅速地重塑，植物因此获得了感知不同波长的光线，即不同颜色的光线的能力。两者的相互作用远比当年亨特先生的发现复杂得多，因为植物如何反应还取决于它们的生长环境。

总之，光拥有不同特性，植物会做出相对应的反应。LED 灯管发出的是白色近乎蓝色的光，与混合了短波和长波的上午的阳光相近。老式的白炽灯呈黄色或琥珀色，它们更类似波长较长的傍晚的光，这种光线有时会抑制植物开花。在英格兰，人们对康沃尔地区田野上生长的鸡冠花做了研究。这种花在仲夏时节的草地上开出形状独特的黄色花朵。鸡冠花通常会吸引大量蚜虫，但过晚开花或不开花会严重削弱整个蚜虫种群，继而影响到蜻蜓、豆娘、瓢虫、花蝇等以花和蚜虫为食的所有昆虫。这就是大自然中正在发生的多米诺骨牌效应，其后果会殃及整个生态系统。

11. 无果之夜

2017 年 9 月，有消息称在瑞典北部城市海讷桑德上空出现了一道神秘的光，人们纷纷猜测是不是有不明飞行物降落，当地媒体也收到不明真相的居民发来的照片和报道。然而事实上，这道光线和外星人毫无关系，这是附近新建的温室大棚的光遇到黑夜低垂的云层后形成的反射。温室大棚是人类哄骗植物为我们服务的发明，全天候照明的温室让植物的生长过程通过灯光催化，完全服务于人类的需求。

每年圣诞节我都会收到母亲送我的一盆圣诞花，也就是一品红。这盆花通常会陪伴我度过整个圣诞假期，待圣诞过后，花基本蔫了，也没有人指望它会花开二度。然而，在一品红的原产地墨西哥，它的花期却要长得多。一品红是短日植物，只需要一个夜晚持续的黑暗和适宜的温度就能开花。经营圣诞贸易的商家为了在圣诞节期间销售更多的一品红，必须从每年 10 月份就开始做准备。温室根据一品红生长条件调节光线，让植物误以为自己还生长在墨西哥的夜空下。

植物的光敏色素会对明暗变化做出反应。黑夜的长短在很大程度上决定了植物休息或生长的状况。对于短日植物来说，黑夜才是决定性因素，所以短日植物更恰当的名称应该是“长夜植物”。无论如何，影响这类植物生长的关键是持续的黑暗，植物需要不受光照影响的不间断的休息。在植物的进化过程中，基因编码输入了一个最完美的时间，使植物最大程度地传播种子，确保物种生生不息。了解了这一点，人类就可以利用植物的特性改变植物的表现。比如说，如果我对母亲送我的圣诞一品红尽心一点的话，我可以在圣诞节花期结束后把花放在壁橱里，让它一天中的 13 个小时在黑暗里度过，其余的 11 个小时我把它放在明亮的窗户旁边，这样这盆一品红就会接连不断地开花。

与短日植物对立的当然是长日植物，长日植物需要较长的白天之后的一个短暂而不受干扰的黑夜，而这正是瑞典夏季的典型特征。作为改变植物接受光线的自然状态时世界各地的温室都在尝试的方法，一天 24 小时长明灯的情况并不少见。植物天然的节律被全球变暖和错误的光照重设，其后果可能会破坏花与授粉者、植物与食草动物、害虫与捕食者之间的微妙平衡。即使气温只上升几度，黄昏只移动片刻，花期和利用花期的动物们的时间节律也可能被打乱。

改良种植的结果是，今天我们可以看到越来越多的植物没有昆虫的滋扰，但也从来不开花。几位瑞士植物学家决定解决这个问题，他们开始在阿尔卑斯山脚下研究植物授粉的情况。他们选择的地域相对原始，山坡上开花的草地到了夜晚会吸引来近 300 种不同的昆虫，为大约 60 种不同的花授粉。菜蓟就是其中一种接待夜间访客的植物，其花色鲜艳，花粉和花蜜丰富，气味诱人，花朵还能反射紫外线，吸引着远近的昆虫。研究人员选择了分布在 10 片草地上的 100 株菜蓟进行研究。其中一半在黑暗中生长，而另一半则用现代路灯照明。试验结束后发现，被人工照亮的菜蓟吸引昆虫的次数要比自然黑暗中生长的菜蓟少 62%，当然，结出的果实也更少。昆虫未能授粉，植物未能开花，最终度过了一个无果之夜。

12. 海中焰火

这是 20 多年前的夏天我经历的一件事。8 月的一个周末晚上，我和两个朋友在瑞典西海岸的港湾荡舟，我们把船停在岸边，四周一片寂静，北欧夏末的夜空模糊了水面和天空的界线，此刻的水温和气温差不多一样。当我从船上跳入水中的那一刻，水天一体的感觉让我好像投入了片刻的虚空，但最让我记忆犹新的是，当我的身体浸入水中的那一刻，身边就像亮起了蓝色焰火，水中每一小片甲藻都本能地打开了内置的光源，在我身后漆黑的海水中留下一道光痕。

我所经历的现象被称为“海火”，主要出现在夏末秋初海水尚温暖的时候。甲藻用微弱的闪光保护外来物体对它们的伤害，任何动作甚至气味都会触发这种光。甲藻的亮光还能吓跑小动物，吸引水中吃虾米的鱼。能够在水中发光的生物不只是甲藻，其他藻类、海鞘、甲壳类、海星、蠕虫、水母和软体动物都可以发光；有的生物本身不发光，但会和细菌合作产生光。仅在鱼类中就有 1 500 多种发光种类，构成发光生物群。

这种现象叫作“生物发光”。

深海是一个与我们熟悉的世界完全不同的世界，那里常年处在黑暗中，偶尔有生物突然闪烁着光点略过，随即又沉入茫茫黑暗。对于人类，深海是一个可怕、陌生的维度，我们在那里几乎什么也得不到；对于海底生物，在沉沉的黑暗中生存抑或死亡的一线之差，有时就在于是否看到从海面渗下来的、让它们能够辨识海水生物轮廓的微光，或者突降的生物用亮光给它们的警告。

深海中生活着一种神秘的巨型章鱼，它们长着的一双直径达 27 厘米的巨眼，算得上是动物界中最大的眼睛。如此巨大的眼睛有什么用途呢？如果是为了看清楚物体的细节，直径 10 厘米还是 20 厘米的眼睛都能看得到。但科学家的关注点显然错了，巨型章鱼的大眼睛不是为了看清楚物体，而是为了提防它的天敌抹香鲸。抹香鲸的身长可达 20 米，能一口气潜到 2 000 米深的海底，轻松地将章鱼吞掉。但抹香鲸所到之处都会引发周围的海洋生物发光，在漆黑的海底，这无疑是为鲸鱼路过的生物发出的警告。

然而，即使在清澈的水中，光线也会很快消散，因此无论物体多大，只要离远看都会消失。人类的眼睛即使在清澈的水下最多也只能看几十米的距离，而巨型章鱼的大眼睛却能感知到 120 米外抹香鲸引发的光云，尽管大多数光线在深海中也都消散了，剩下的只是冷冷的漫射光。抹香鲸在相同距离内利用声音的回波寻找猎物，它们的叫声高达难以想象的 230

分贝，如此强大的声波只有地震产生的能与其相比，可以直接让人毙命。声波在猎物身上反弹，报告给抹香鲸它等待的食物的位置。

海洋生物比陆地生物早几亿年就出现在地球上，它们中的大多数依旧未被探索，比如最原始的海洋发光生物也会利用光来交流和迷惑敌人，而我们很少能看到它们在深海和夜晚绽放的海洋焰火。海胆是一种严格遵守昼夜节律的海洋生物，只有在日落后它们才会在表层水域闪闪发光，稍有外界光线干扰，比如路灯下夜游的人，它们就会消失。为了能够更近距离地研究这些生物，研究人员只能昼伏夜出，或把人类的昼夜节律与甲藻的时钟颠倒过来，创造一个模拟夜晚。

圣迭戈的斯克里普斯海洋研究所就是这样一个地方，研究所地处太阳光最强烈的加利福尼亚州，但实验室的深处却是漆黑一片。除了指示路牌的暗红色小灯，桌子上放着各种甲藻的瓶瓶罐罐里像烟火一样闪闪发亮。这个专为甲藻打造的安全的黑暗环境是为了研究海洋中发光生物的化学变化。科学研究的驱动力，首先是满足人类了解大自然内部运作的好奇心，而这个实验也能帮助到那些利用大自然中的生物发光现象在海洋上追踪陌生船只的美国舰队。同轨道的卫星可以通过追踪海面上和渗透到海面下数公里的发光微生物留下的轨迹，探测到海上行驶的舰艇和水下的潜水艇。

造成海洋焰火的发光蛋白质荧光素（luciferin），同时也是造成萤火虫发光的化学元素，已被人类应用于医学领域，尤其是癌细胞的研究。萤光素还被用来检测食物中的细菌和寻找太空生命，该词的拉丁语词根来源于希腊神话中的光明使者路西法（Lucifer）。月亮女神狄安娜也被称为“光明女神”，因为月亮是黑夜中的引路灯。我们的先人还曾经捕捞发光生物以获取萤光素，而现代化学工业已经可以大规模生产这种蛋白质了。

13. 大海在等待

在 BBC 的纪录片《行星地球》第二季中，有一个著名的镜头记录了在海滩孵蛋的海龟。画面背景中可以看到海浪反射着月光，西边的海平面上残留着太阳消失前最后一缕光线。小海龟们一点儿没有浪费时间，刚爬出蛋壳就争先恐后地朝着尚留一缕落日光芒的大海奔去。小海龟们几乎都是同时出壳的，这对决定它们的生死存亡至关重要，因为奔向大海的路途上风险重重：军舰鸟、海鸥、螃蟹，还有浣熊，全都垂涎三尺地潜伏在海滩上等待着这些幼小的美食。在小海龟从出壳到投入大海怀抱的路途中，生存率仅有 1/1000，这就是大自然亘古不变的现实。

然而，在 BBC 的纪录片中，镜头一转，我们看到了海滩背后一座拔地而起的城市，各种路灯、广告牌、汽车、住宅和商店闪亮的灯光在远处的地平线上闪烁。对于海龟这个起源于 2 亿多年前的三叠纪古老生物，它们一直笃信的真理就是夜晚光线最亮的方向是西方，是等待它们的大海之家。海龟依赖本能追逐着光线，那些距离沙滩最近的小海龟有幸识别出正确的方向，朝大海游去，对它们身后发生的一切浑然不觉。随着镜头逐渐拉远，我们看到绝大多数刚孵化出来的海龟都背向大海，朝着城市的灯光爬行。

这批小海龟有幸遇到了摄影组，经过一系列拯救工作，一部分小海龟被带回正确的回家方向。然而，这样的事在世界各地的海滩天天都在发生。海龟无疑是城市光污染的受害者，本来就仅有 1/1000 成活率的小海龟，如今的生存概率更是微乎其微。在土耳其的一个海滩上，由于附近工厂和旅游景点的照明，就算在相对暗处海滩上诞生的小海龟，也只有不到 2/5 能找到大海。

自然纪录片中往往充满了人类的戏剧性，人类在动物的行为举止中读出了自己的情感，就像在看好莱坞大片一样。BBC 的纪录片只是稍微转了一下镜头，就让我们看到在海滩上迷失方向的小海龟和等待它们的悲惨命运，也让我们瞬间意识到光污染对地球危害的严重性。灯光是人类最奇妙的发明之一，但无疑也在伤害地球上的生命，就像拥有 2 亿年历史的海龟，很可能会毁灭在我们的眼前。

《世界濒危动物红皮书》已将海龟列入名册。每年，各种海龟包括丽龟、绿海龟、棱皮龟和玳瑁龟聚集在尼加拉瓜海滩产卵，但尼加拉瓜人自古就有食用海龟蛋的传统，尤其对于穷人，海龟蛋是一个难得的发财机会。好在近年来各种民间组织开展了自发筹资保护海龟的行动。比如，尼加拉瓜的海滩上有一支清一色由妇女组成的守护队，她们不仅在海滩巡逻，清扫海滩，宣传保护海龟的知识，还从采集海龟蛋的人手中把蛋买回来，还在黄昏中为迷路的小海龟指路。遗憾的是，妇女们没法像猎人一样深夜作业，而海滩上真正的幼龟与猎人的斗争都发生在夜晚。无论如何，妇女们的守护工作还是取得了巨大成功，原本十有八九会出现在餐馆菜单和餐桌上的海龟蛋被保存了下来，但这仅仅是杯水车薪。

那些能够成功游入大海的小海龟都是天生的游泳健将，没有父母或年长海龟的指导，全靠自己在大海中漂游。海龟的旅程从黄昏开始，一直游到夜晚。过去，人们一直以为小海龟只是靠洋流和运气在大海中随波逐流，与鳗鱼往返马尾藻海的神秘洄游一样，海龟的壮观洄游曾经也是大自然的一个谜。不过，观察海龟要比鳗鱼容易一些，全球定位系统可以通过卫星跟踪它们。我们这才搞清楚，原来小海龟完全能够掌握自己的命运，它们是主动朝向海洋中营养丰富的海域游的。而且，许多海龟也和鳗鱼一样前往马尾藻海，寻找在马尾藻庇护下的安全生活。成年海龟年复一年地回到它们出生的海滩，这说明海龟和候鸟一样，体内有能够导航的磁感系统，为它们在茫茫大海上指明回家的路。

14. 月下的浪漫

2003 年的动画片《海底总动员》（*Finding Nemo*）中有一个情节，海龟穿越海洋，前往它们出生的海滩产卵。海龟利用东澳大利亚洋流沿着海岸线漂移，向南经过大堡礁，然后向东到达新西兰北部。这条洋流宽达上千公里，每秒钟移动的水量相当于 16 000 个标准泳池的水的总量，大量海洋生物被卷入其中，情愿或不情愿地随波逐流。东澳大利亚洋流是环绕全球的五大洋流之一的支流，对欧洲北部气候产生重要影响的墨西哥湾暖流是另外一大洋流的支流。

《海底总动员》讲了一条小丑鱼寻找自己失踪的儿子尼莫的故事，这部影片在全球获得的成功令人咋舌：从奥斯卡金像奖最佳动画长片，到收视率，到商业转换，各种好评如潮。而且，这部动画片以一己之力将小丑鱼转化成一个十几亿美元的产业。世界从未对这种橙白相间的小鱼如此渴望，一部旨在传递让鱼儿回归大海的美好愿景的影片，反倒取得了意料之外的商业成功。

同时，具有丰富多样性的珊瑚礁也因影片中与小丑鱼的关系获得了早该得到的关注。面对市场对小丑鱼的需求，商家很快认识到养殖小丑鱼比野外捕捞更有利可图。2013 年，以拯救小丑鱼和珊瑚为目的的“拯救尼莫”基金会成立，总部就设在动画片中小丑鱼群经过的澳大利亚南部大堡礁附近的阿德莱德大学。

小丑鱼又称海葵鱼，这是因为小丑鱼一生的大部分时间都在海葵的触手中间度过，很少有其他动物敢这样做。海葵和珊瑚、水母一样，是一种带刺的海洋生物，一旦有生物接近，它们的刺细胞就会射出具有酸性的毒液，灼烧或麻痹入境的小动物，然后把它们吃掉。海葵的毒液还被证实具有杀伤癌细胞的功能，在人类的医学研究方面也有很高的价值。寄生于海葵的小丑鱼之所以能抵御毒液，是因为它们身上覆有一层抗荨麻的黏液。当还是幼鱼的小丑鱼第一次接触海葵时，黏液就会被激活，之后它们就可以安全地生活在海葵的怀抱中了。海葵和小丑鱼的关系，是典型的物种互利共生模式：海葵保护小丑鱼，小丑鱼给海葵分享食物残渣；而且，小丑鱼还能赶走以海葵为食的蝴蝶鱼。

动画片中的尼莫是条与众不同的小丑鱼，他被深海的悬崖峭壁和在礁石外的冒险吸引，才导致他向来谨慎的父亲投身茫茫大海，展开千里寻子行。现实中的尼莫更像他的父亲，从不离开海葵几米远。有时，十几条小丑鱼生活在一只海葵中，但最多只有一对是性成熟的鱼，它们像家族里严厉的父母亲一样管控着孩子们，雌鱼具有绝对的权威，雄鱼服从于雌鱼。如果雌鱼死了，它的伴侣会变性成为雌鱼，而鱼群中一条更年轻的鱼就会辅佐雌鱼，成为群中拥有领导权的雄鱼。每当满月的光芒冲破海浪，照进海葵巢穴的触须时，就该是小丑鱼交配的时刻了。

小丑鱼的交配产卵受到自然光线明暗交替的支配，在世界各地珊瑚礁上都能看到小丑鱼在淡淡的月光下交配的舞蹈。新产下的卵被安全地放置在海葵触手建造的防御墙内，在日落后的几小时被孵化出壳。小丑鱼从来不在白天孵化，它们的未来与黑暗息息相关。

弗林德斯大学“拯救尼莫”基金会的研究人员多年跟踪研究小丑鱼的结果证明，光线会干扰小丑鱼的交配周期。如果光线太亮，一条鱼苗都不会出生。鱼卵在天黑后被孵化，细小的半透明鱼苗会浮出水面。鱼苗在这里滞留几个星期，慢慢长大，之后向海洋深处的礁石游去，寻找自己的海葵定居下来，最终成为月光下交配的另一只成年小丑鱼。当珊瑚礁附近受到人造光影响的时候，这个循环就被打破，小丑鱼的下一代就会受到威胁。

城市沿着海岸线不断扩张，人人都爱去海滩，都渴望去海底潜游，在珊瑚之间、鱼群当中，找寻海葵、海藻、海星和螃蟹的踪迹。色彩斑斓的浅海区，深邃迷人的深海区，在海底礁岩开始的地方，来自上方的光线被吞没，大海变得幽深不可测，这里是通往永恒的起点。作为人类，我们可以理解小丑鱼面对前方蓝色深渊时的犹豫不决，也同样能够感受到吸引尼莫纵身一跳的魔力。作为游客，我们当然想最近距离地与大海亲近。海滩酒店闪烁着招引游客的霓虹灯，探照灯将滨海步道照得通明，有种豪华的海边小屋直接深入到珊瑚礁上，连地板都是玻璃的，真正给游客打造沉浸式海洋体验。想想看，坐在自己床上就能看到繁忙的海底世界在自己身边经过，目眩神迷的感觉太有冲击力了，谁不愿意为这种体验买单呢！

与此同时，玻璃地板透出的光线，海边栈道散逸的灯光，24 小时通亮的酒店墙灯，黄昏无论多么漫长，海洋却失去了真正的黑夜。没有黑夜，小丑鱼不知何时产卵，海葵巢底会集着没有被孵化的鱼卵。小丑鱼与海葵古老的互利共生模式开始停摆。对于人类来说，这意味着海洋中海葵和小丑鱼的减少，也意味着我们离解开癌症之谜又远了一步。

“拯救尼莫”基金会是小丑鱼和珊瑚礁的护法天使，但海洋中还生存着许多类似的共生生物，它们也同样面临光污染对夜间产卵的影响。造成世界许多珊瑚礁濒临灭绝的诸多原因中，光污染以及海洋温度升高是最重要的，难道我们忍心看着地球上最绚丽多彩、生机勃勃的生态系统，正慢慢变成残破、凋零的灰色废墟？

15. 苍白的珊瑚

珊瑚是一种生活在保护壳内的刺胞动物，它们呈辐射状生长，慢慢形成大型珊瑚礁。珊瑚保护壳内不仅生长着珊瑚虫，还有其他能够进行光合作用的藻类。藻类为珊瑚带来绚丽的颜色，也吸引海洋生物和潜水者靠近珊瑚礁，在它们蜿蜒曲折的洞穴和密室中寻找生命体。珊瑚虫与藻类就是通过这种互惠互利的复杂关系共生的，一旦藻类死亡，珊瑚礁也会失去颜色。这种现象差不多每隔 20 年会出现一次，而珊瑚的大量死亡通常是与地球上出现严重的厄尔尼诺现象同时发生的。

厄尔尼诺现象通常每隔 3~5 年在太平洋和印度洋上空发生，引发东北季风向左偏转成西北季风，温暖的表层海水会随着洋流沿赤道向西移动，聚集在南美洲沿岸。通常寒冷的海域变得少鱼，草原上出现暴雨天气，而热带雨林则面临干旱灾难。

海水温度上升会大量杀死藻类，珊瑚礁会因此失去颜色，最终由于缺乏营养而白化死亡。如果这种白化现象发生的频率控制在每 20 年一次，珊瑚礁还是会有足够的时间恢复其色彩的。然而，地球升温，洋流日趋不稳的因素都加剧了珊瑚白化的速度，目前珊瑚白化现象每 6 年就会发生一次，这意味着世界范围内珊瑚礁正在缓慢退化。以澳大利亚近海的大堡礁为例，2017 年有近 2/3 的珊瑚礁受到海水温度过高的影响。

最具讽刺意味的是，每年澳大利亚海水温度最高的 12 月，也正是珊瑚虫繁殖的时节。珊瑚虫的产卵繁殖同小丑鱼一样，也发生在满月的夜晚。珊瑚内部首先释放出的小卵浮到珊瑚礁表面，只需几分钟，水面上就会布满数百万个珊瑚卵。珊瑚虫是雌雄同体的生物，它们会同时释放出雌性和雄性生殖细胞，也就是所谓的配子。配子出现频率越高，受精的机会就越大，时间的早晚更是决定配子能否将其基因传递到下一代的关键。有了受精卵才会发育出珊瑚幼体，数不清的珊瑚幼体会聚一堂的奇观，就像把封闭的雪花玻璃球猛地翻转过来，玻璃球里瞬间布满雪花，只是这个布满雪花的瞬间发生在近 30℃的热带海水中。当数以亿计的配子反射着满月的光辉，这种交配活动在漆黑的海上从几公里外都能看见。

在抵达海面的途中，配子进行交配并受精，生出自由游动的珊瑚幼虫，最终附着在海底坚硬物上。这样的景观一年只发生一次，届时，成年珊瑚会在月圆之夜将它们的配子释放回水域。许多研究珊瑚的科学家都不愿错过这样一次了解珊瑚的大戏，坐等在附近的小船上。

这场配子同频共振的水下“暴风雪”，完全取决于月相周期和日落最后阶段的光线，珊瑚内设的时钟根据后者精准校正，从而最大限度地优化交配时间。虽然不同的珊瑚种群内置程序略有不同，但同一种群的交配基本上是同步的。然而，问题出现了，当珊瑚礁的时钟出错时，交配之夜会被拖长到几个星期。原因之一是海水温度过高导致藻类死亡，甚至释放毒素，而另一个可能与月亮的亮度有关，沿海城市的光线遮蔽了月亮的光线，珊瑚搞不清楚何时是新月，何时是满月。可以说，气候变暖和光污染的结合不仅破坏了珊瑚礁的生存，珊瑚虫自身也很难建立防御工事。珊瑚虫与海藻的共生关系需要光来让海藻进行光合作用，从而制造能量和养分，但它们也同样需要黑暗来释放配子，完成交配舞蹈。珊瑚幼虫、珊瑚虫和珊瑚礁的未来悬于黑暗中。

珊瑚礁是无数海洋生物的家园，其绚烂可与陆地上的热带雨林媲美。一种海洋鬃毛蠕虫——帕洛洛蠕虫便是生活在珊瑚礁中的生物。帕洛洛蠕虫生活在珊瑚礁岩层的空洞和陆地上的缝隙中，每年 10 月底到 11 月初的满月之后，蠕虫会从充满配子的腹部被释放出来，在月圆之夜，数不清的虫尾在浅水中晃动。几个世纪以来，太平洋岛民严格掌握着帕洛洛蠕虫的繁殖周期，因为这也是他们重要的食物来源。

月相周期影响着许多其他海洋鬃毛蠕虫，如瑞典的沙蠋和沙蚕。沙蠋生活在潮间带，常常可以在海滩上见到它们的踪迹，沙蠋的粪便会形成圆柱形的小沙堆。沙蚕生活在较硬的海底或鳗草丛中，这些身长大约 5 厘米、颜色亮丽的蠕虫在海底建造透明的小管子。每年春季或初夏，它们在为交配做准备时的体态也发生变化。当新月来临即海水表层最黑暗之际，沙蚕会聚集在一起，上演旋涡状的交配舞蹈。事实上，许多海洋生物的繁衍都依赖于月相周期的信号，加之光照水平或水温等因素，这些直接决定了诸如海笔、鱼类、螃蟹、软体动物等的生命下一阶段该在何时开始。

16. 黄昏区

我伸开双臂，漂浮在水中。正午的阳光正穿过水波，将我身下古老的石灰岩地貌渲染成五彩缤纷的颜色，鱼类、海星、贝类和鬃毛虫（海鳞虫）簇拥其间，海藻优雅地在水中摇摆。这是位于洪都拉斯的世界第二大珊瑚礁——中美洲大堡礁系统的一小部分，珊瑚礁距离水面只几米深，但其边缘之外就是深不见底的深海区。我悬浮在水中，忍不住时时朝珊瑚礁外看去，每看一眼，扑面而来的深海都令我头晕目眩，我仿佛看到了世界的尽头，触到了永恒的边缘。此刻，我感觉自己就像小丑鱼尼莫的父亲，对幽暗深海中或许隐藏的危险惴惴不安。海水从透亮的青绿色很快转向深绿、靛蓝，十几米外，视野变得模糊起来。有时，影影绰绰中好像有成群的大鱼在靠近我，或者只是黑暗本身在我眼前有了生命。我想到吕克·贝松的电影《碧海蓝天》（*The Big Blue*）中的人物原型、自由潜水员雅克·马约尔（Jacques Mayol，1927—2001），他是世界上第一位无水肺潜至 103 米深的人。我仿佛看到马约尔的头灯在无垠的深蓝中变得越来越孤独，他的双腿平静地摆动，丝毫不在意永恒在他周身蔓延，去向更深远的大海。海洋的眩晕感令平日并不恐高惧黑的我此刻陷入了惊慌，但我又无法抑制俯瞰深渊的奇妙感受。

光线在海水中消失得很快，到 200 米深就所剩无几，但散落的蓝绿色光在 1 000 米的水下仍然可以测量到，只不过人类的肉眼感知不到，而这只是海洋的中层带，即黄昏区。由此向下，是永恒黑夜的开始。唯一的可见光是自身发光的海洋生物，而它们发射的微光不及人类肉眼能辨识光线的 1/10，也就是说，我们认为的漆黑一团中其实蕴藏着许多不同层次的细微色差。

地球上最大规模的生物迁徙每天都进行两次：海洋深层的浮游生物、甲壳类动物、软体动物、小鱼和其他各种生物向表层浅水区移动。不仅如此，同样的迁徙在陆地的淡水湖泊中也在发生。每天晚上，数以百万计的水生物浮出水面，又在黎明时分慢慢沉入水底。这一系列整齐划一的迁徙完全受控于地球自转和昼夜变化，生物内部的时钟以自设的节奏嘀嗒作响，每天用日光校准时间，确保自己的运动保持与昼夜相同的节奏，就好比过去我们给“时钟小姐”打电话核对时间一样。

在地球上夏冬两季反差最大的两极地区，极昼的太阳会让海洋的节奏停顿下来，而在黑夜连绵的极夜，月亮则扮演起指挥家的角色，用它划过天空的轨迹调整时间。海洋内部的大迁徙会因满月的光线而停滞，同样，日食也会让海洋在大白天突然运动起来。

由此可见，自然光的变化会影响整个生态系统，因而对于生物来说，黑暗就意味着安全。当日光深入穿透水面时，水中微生物就会竭力寻找暗影的保护，逃避被鱼类吃掉的命运。通常，当水面被月光或是黎明的晨光照射时，微生物在水中变得清晰可见，而那也是它们最脆弱的时刻。

位于食物链更上层的生物同样需要黑暗的保护，例如，鳗鱼只在月光被遮蔽和灯光关闭后迁徙，在被灯光照亮的河道上，这些神秘的鱼儿会一直躲在河底的沉积物中，等待在它们看来似乎是永恒的白天的结束。在哥德堡郊外的萨维河上，研究鳗鱼活动轨迹的科学家发现，当月亮低于地平线时，河里经过的鳗鱼数量要远高于皓月当空时。在 2012 年 9 月底的一个晚上，这一地区发生了大面积停电，小河两岸建于 19 世纪 30 年代的别墅区全部陷入黑暗。这一晚，远山传来了灰翼蝙蝠的叫声，鳗鱼也前所未有地活跃。

光线甚至会影响一些并非特别适应黑暗的水生生物，例如，鲈鱼的昼夜节律只需受到满月 1/10 的光照就会被扰乱。鱼对光线的敏感性很可能与水面只能少量吸收光线有关，比如，人们还观察到，洄游的大马哈鱼最常在突然被照亮的水域被海豹捕获，无论这光源来自大自然本身还是人造光，所以被灯光照亮的河道和港口是海豹出猎的最佳地点。其实，人类早已把灯光对鱼类的吸引力用在捕鱼业了。在挪威北部，以灯光为诱饵的拖网渔船和围网渔船昼夜不停地追逐鲱鱼群，但人类并非唯一的受益者。虎鲸能够在很远的地方听到渔船的声音，当它们接近渔船时，虎鲸利用渔船上的灯光而无须启动声呐系统，就能成功捕食。虎鲸通过在水中吐泡，如同人类发射信号弹，吸引水中与它共生的鱼类来一同进餐。灯光打破了北方黑夜的节律，改变了大自然制定的猎物和捕食者之间的游戏规则。这一次，虎鲸似乎占了优势，然而长久下去，其后果如何呢？

在威尔士附近的海域，大型石油钻井平台和船只的光照逐日增强。我们虽然已经认识到人造光对海洋生物的影响，但依旧缺乏认真研究。2013 年，英国的两所大学展开了一个光污染研究项目，他们将装有 LED 的塑料板浸没在莫纳岛（又名安格尔西岛）和英国本土之间的梅奈海峡中，跟踪观测塑料板上海洋生物的生长情况。研究人员观测到在海底错综复杂的微型生态系统中，有 47 种不同的生物在塑料板上安家落户，其中固态生物，如珊瑚和管虫形成的小型景观，成为甲壳类生物、虫类和幼鱼的栖居地。研究人员观测到，塑料板上的发光区域，生物多样性明显降低。但也有少数物种更喜欢亮光，例如弹尾虫和钢毛虫，尽管钢毛虫的交配仪式受月相变化的影响。通过这些只有普通路灯亮度的塑料板，研究人员创造了一个小型水下生态系统。

如果将这个实验扩大到全球范围的海洋中——每天穿行在世界各大洲之间的十几万条大型集装箱船，分布在全球海洋中的 1 500 多个石油钻井平台和 100 多个大型海上风力发电厂，以及居住在沿海地区 100 公里范围内的全世界 40% 的人口……可以想象，人类对海洋的压力正在日益增大。今天，尽管地球上大部分的海洋还处于原始而辽阔的夜空之下，但你需要远离陆地，远离人造光，才能欣赏到大海上空的星光灿烂。

17. 动荡的生态系统

新西兰是地球上许多奇特生物的家园，这里的岛屿远离其他大陆，这使得岛上的生物在1.25亿年中自由进化，因为这些岛屿已经脱离了南极洲、非洲和南美洲同属的冈瓦纳古大陆，属于本土的哺乳动物只有两类蝙蝠。这些蝙蝠有时会不使用翅膀，转为在陆地上奔跑，并以花粉和昆虫为食。由于缺少天敌，有些鸟类会逐渐放弃飞行，改以陆地为栖息地；这里许多昆虫的行为与世界其他地方的同类常常不同，最突出的是沙螽，这一名称指代的是几个种和属的昆虫。这些昆虫看起来像腿上长刺的螽斯，但没有翅膀，也很少跳跃，是一种喜欢在夜间活动的爬虫。沙螽长度可达10厘米，一只带卵的沙螽的体重可达到70克，相当于1只麻雀或5只新西兰蝙蝠的重量，这绝对是昆虫中的世界冠军，如果放在信封里邮寄的话，那肯定要超重的。

沙螽喜夜间活动，这与新西兰曾经是以昆虫为食的大型鸟类的聚集地有关。因为鸟类都在白天活动，沙螽就改在夜间行动。这类昆虫在岛上的另一个天敌是夜行性桥坚蜥，这是一种 2.25 亿年前独立进化出来的爬行动物，与现在的蜥蜴或鳄鱼都没有亲缘关系。

19 世纪，当欧洲人抵达新西兰时，许多人带着自己的宠物上岛，这使得岛上的掠食动物数量大大增加，尤其是猫，严重地破坏了新西兰的动物群。岛上的野生动物完全没有抵御新敌人的能力，包括大蚱蜢在内的许多本地物种惨遭屠戮。今天，新西兰昆虫的最大天敌是老鼠，它们是 18 世纪的海员无意中带到新西兰的。老鼠和许多其他哺乳动物一样，喜欢在黄昏时出没，因此有人建议使用人造光驱赶老鼠以保护本地动物。这种想法听起来似乎合理，但灯光同样会伤害本土的动物和昆虫。新西兰位于南半球，昼夜交替的方式与北半球正好完全相反，对光线反应敏感的沙螽通常只在太阳落山后才离开洞穴，每到满月之夜它们都不会离开自己的巢穴。有实验表明，几乎 90% 的沙螽完全不会在人造光源下捕食，尽管灯光也遏制了沙螽的天敌——老鼠。

无论是自然方式还是人为所致，新的捕食者在新西兰出现后，被捕食的动物由于缺乏必要的防御能力，很快就寡不敌众。这些动物，无论是在自身成长还是祖先基因中，都缺乏防御外敌的本领。在捕食者和猎物之间，彼此的行为、特征都是在长期磨合中取得平衡的，而这种平衡一旦有人类和人类宠物的介入即被打破。

环境的变化也会加剧破坏生态系统以及猎物和捕食者之

间的平衡。当人类的灯光亮起时，动物的昼夜节律被打破，令它们在捕食还是躲藏之间不知所措。动物暴露在它们的天敌面前，失去了黑夜给它们的伪装。黄昏狩猎的老虎，通常依仗它们身上的条纹与草丛的融合，将自己变成一个隐形的杀手，但在亚洲大城市日益明亮的夜空下，老虎的踪迹很容易被发现。就捕食者和猎物而言，由于变化很少是双向的，生态系统因此被改变和破坏。

当然，对于生活在大自然中的动物，面对环境变化的结果也是几家欢喜几家愁。例如，老鼠就成为新西兰生态变异的受益者，而在路灯数量不断增加的地方，无论是捕食的蝙蝠还是被捕食的飞蛾，都是这场生态变化的输家。在路灯的照射下，本可以借着黑暗的掩护逃避蝙蝠追捕的飞蛾失去了防御能力；然而，对光线反应最敏感的宽耳蝠和棕色长耳蝠则损失更严重，这些擅长捕捉夜蛾的蝙蝠因为无法享用路灯下的盛宴，被排挤到越来越远的边缘地带。

18. 濒临灭绝的蝙蝠

1875 年，一个名叫珍妮·阿尔弗里达·扬森的女孩在瑞典南方的蒂达霍尔姆地区出生了，她长大后嫁给了一个名叫约翰·埃克洛夫的男人，后来成了我祖父的母亲。这两个家庭，祖上几代人都扎根于蒂达霍尔姆地区。当年珍妮做洗礼仪式的松塔克始建于 12 世纪 30 年代，奠基于遗留自铁器时代的墓葬区（北欧的铁器时代指公元前 500 年至公元 1050 年，此时冶炼铁的技术被广泛使用，维京先人与欧洲大陆交往增加，直至基督教传入北欧）教堂有一个扩建的新月形天庭，彰显了这里相对富裕的经济状况。教堂里葬有瑞典女王克里斯蒂娜的侍卫，骑士埃里克·哈尔德·阿夫·塞格斯塔德（Erik Hård af Segerstad，1621—1692），他的家族徽章至今还挂在教堂墙上。这座中世纪的教堂虽然几经改建，却仍旧保留着当初的罗马式建筑风格，这可能要归功于 200 年前人们在距离这里几百米的地方又建了一座新教堂。

黄昏时分来松塔克教堂参观的人，可以看到成群的蝙蝠围绕着教堂，在墙面的石灰岩和砂岩之间觅食。教堂顶楼上住着棕色长耳蝠一家子，它们在这里繁殖，生长，互相帮助，照顾后代。长耳蝠和大多数蝙蝠一样，都有恋家的习性，所以它们总是回到同一个地方，一住就是几十年！蝙蝠的寿命比你想象的长，已知的最长纪录是一只俄罗斯泰加蝙蝠，活了 43 年。想想看，如今住在教堂顶楼上的这家子蝙蝠的祖先，可能自我的曾祖母在这里受洗的时候就在此安家落户了。自教堂建立起来，这里的长廊之间确实就没少过蝙蝠的翅膀。

西约塔兰地区是瑞典至今古老教堂保留最多的地方，过去几个世纪以来，教堂和周边环境都没有太大的变化。这片宁静的绿洲成了动植物休养生息的栖息地，尤其是教堂外的墓地，长居这里的动物基本上不受外界打扰。

直到 20 世纪 80 年代，蝙蝠还被当作害虫，很少被人问津，更不用说被人研究了。但是，隆德大学的一位学者延斯·雷德尔（Jens Rydell）对栖居在西约塔兰地区教堂的蝙蝠群做了一次清点和调查，他发现 2/3 的教堂里都居住着独立的蝙蝠群。它们夏天围绕着教堂钟楼捕食，在顶楼上吃飞虫，照顾新生的小蝙蝠。雌蝙蝠通常留在教堂顶楼上，雄蝙蝠独自绕钟楼飞，谨慎地保持着进入教堂顶楼的安全距离。

雷德尔的清点工作已经过去快 40 年了，这期间教堂周边的环境发生了不少变化。从 20 世纪 90 年代起，瑞典开始流行在建筑外墙投射照明灯，很快村镇之间就像在暗中较劲，教堂钟楼、外墙和房顶上投射的墙灯越来越亮，就连通往墓地的小径也安上了路灯。当黑暗被驱散，顶楼上的蝙蝠开始不安了。

我们在过去两年里对西约塔兰地区教堂的蝙蝠再次做了清点，从钟楼到顶楼到墓地，寻找和聆听蝙蝠活动的踪迹。教堂房檐是蝙蝠活动最多的地方，仔细聆听，能听得到它们整理毛发、争吵、照顾幼崽时发出的叽叽喳喳声。我们发现有一些蝙蝠躲在正在翻修的教堂中央，一点儿不为外面铿锵作响的教堂钟声所动，直到一只一只小心翼翼地从屋檐下的小洞钻出来，消失在附近的树丛中。我们很快推测出，大多数蝙蝠都选择了从房檐到树林之间最短、最黑的飞行路径。与上一次的清点相比，如今有蝙蝠栖息的教堂只占到 1/3，而且主要集中在像松塔克教堂这种还保留了黑暗的老教堂里，在那些墙面照着强烈探照灯的教堂里，蝙蝠已经消失了。

一些午夜后关掉外墙照明的教堂里依旧还有蝙蝠，这说明留住蝙蝠的方法其实很简单，只要能给蝙蝠留一部分黑暗就足够了。我们确实应该扪心自问，真的有必要把教堂装饰得像游乐场、停车场那么明亮吗？

在被墙灯照亮的教堂顶楼里生活的蝙蝠，迟迟不敢外出，因为在它们眼里，外面还是充满危险的白天，与此同时，它们的新生儿却嗷嗷待哺。英国的蝙蝠专家发现，蝙蝠是种倔强的动物，宁愿饿死也不愿搬家，哪怕离它们的巢穴不远处，就是探照灯下飞舞的虫群。有时，飞行速度最快、最善于利用机会的蝙蝠会冲到灯光下猛然出击，一顿饱餐后又迅速逃回黑暗中。然而，住在教堂顶楼上的长耳蝠一家，却只能眼巴巴地等着黑夜的降临。

棕色长耳蝠的数量确实在减少。当我在瑞典的乡下做田野调查时，村里的老人跟我讲他们以前都见过蝙蝠绕着树木吃蚊子的情景，可如今几乎看不到了。还有往天上扔帽子兜蝙蝠，在水渠里可以看到蝙蝠跟踪水中游鱼的暗影，还有挂在院子里的白色床单如何吸引蝙蝠的传闻，都属于很久很久以前的故事了。

北方蝙蝠属于瑞典最常见的一种蝙蝠，过去 30 年里，它们的数量骤减了 60% 之多。2020 年 4 月，北方蝙蝠和棕色长耳蝠都被列入了《世界濒危动物红皮书》。

19. 夜间服务

就在撰写本书之际，新冠疫情全球暴发彻底改变了所有人的日常。人类对于蝙蝠的认识又被打回原形，蝙蝠被指责为病毒暴发的罪魁祸首，曾经那个恐怖可恶的形象再次被证实。事实上，尽管蝙蝠家族中的菊头蝠科体内含有一种与新冠病毒相似的病毒，但 SARS-CoV-2 病毒的真正来源尚不清楚。通常情况下，蝙蝠将病毒传染给人类的可能性非常小，尽管不能说完全不可能，它们独特的免疫系统经过数百万年的演变早已对病毒免疫了，这该是人类向蝙蝠学习的地方。

一只蝙蝠能在一夜之间吞食 3 000 只昆虫，其中不乏大量令人类咒骂不已的蚊子，一个有蝙蝠群呵护的夏夜凉亭简直就是蝙蝠带给人类的福祉。也许，蝙蝠吃昆虫无非是它们的天性，但人类确实受益于它们。在亚洲的水稻田中，病虫害会带来每年至少超过 1 亿吨的稻米损失，而盘旋在潮湿稻田上的蝙蝠能够干掉数以吨计的昆虫，并且这种最天然有机的杀虫方式，比任何化学药剂都有效和环保。仅在泰国，蝙蝠杀虫的效益创造相当于数十亿美金的经济价值；在美国南部各州，每晚有上亿只蝙蝠从它们栖息的洞穴和桥孔中飞出，每只蝙蝠一夜可以吃掉自身体重一半以上的昆虫，那就是一夜干掉 500 吨昆虫，包括大量威胁玉米和棉花作物健康生长的夜蝇，美国农民要感谢蝙蝠让他们每年节省买杀虫剂所需要的 28 亿美金。

蝙蝠与蜂鸟、熊蜂、蜜蜂和飞蛾一样，以植物的花朵和果实为食，是植物重要的授粉者，世界上有 500 多种植物依靠蝙蝠授粉，包括许多常见的具有经济价值的植物，如龙舌兰、巴沙木、杧果、番石榴和椰枣。就连蝙蝠的粪便也会帮助许多热带植物传播种子。在泰国和马来西亚，为水果之王榴梿授粉的蝙蝠可创造上亿美元的价值。很多人都受不了榴梿散发的刺鼻气味，但这却是榴梿吸引其他物种来为它们传播种子的诱饵，比如大猩猩就是榴梿的忠实粉丝。

在世界 1 300 多种蝙蝠中，70% 以昆虫为食。早在 20 世纪初，人们就认识到蝙蝠可以控制具有传播性的昆虫种群，包括疟蚊。直到今天，疟疾仍然严重地威胁着人类健康，全球每天至少有 500 人死于疟疾。人们开始试验将饥饿的蝙蝠引入疟蚊活动猖狂的地区，以控制疟疾，尤其当广泛使用抗疟药已引发了疟疾耐药性的产生时，而蝙蝠灭蚊则是纯天然的。很难估算蝙蝠造福人类的经济价值到底有多少，就像无法计算出来过度照明的教堂钟楼、旅游景点的自然洞穴，以及其他光污染对蝙蝠数量减少的具体影响数值一样。不过，近几年不少商家似乎已经嗅到了蝙蝠可能带来的商机。

蝙蝠的粪便一直以来被视作一种高效的肥料，于是，许多园艺中心的货架上开始出现排列整齐的一罐罐蝙蝠粪。在主打人造化肥的园艺世界里，人们似乎忘记了磷和其他养分的天然来源，不过，一对德国夫妻在接管了一座老葡萄园后，决定尽可能以有机和自然的方式进行耕作。他们在葡萄园中用人造黑暗、水和富含昆虫的土壤，以及适宜的栖息地，来吸引蝙蝠落脚。如今，葡萄园里入住的庞大的灰翼蝙蝠群，每天都给葡萄园贡献大量免费的肥料。依靠蝙蝠粪便丰富的营养滋润的葡萄酿出的一款红葡萄酒以“蝙蝠”为名，酒标上画的就是一个灰翼蝙蝠，品酒师对这款酒的描述是：具有酸性矿物质口感，混搭草莓、青柠和黑茶藨子（俗称黑加仑）味道的佳酿。

法国酿酒师也不闲着，波尔多葡萄酒委员会经过对波尔多南部一些起源于中世纪的老酒庄的研究，让蝙蝠在 20 多家酒庄落户。经过 3 年的跟踪，他们总结出蝙蝠会在它们栖居的葡萄藤附近捕食，能够吃掉大量不同品种的象鼻虫，这种蛾子的幼虫会对葡萄藤造成巨大伤害。或许不远的将来，在法国乃至整个欧洲，蝙蝠可以大幅度取代人造杀虫剂的使用。

在我们谈论和测算动植物对人类的意义的时候，类似的实验打开了生物学家与经济学家的对话，即所谓“生态系统服务”，即地球上的各种生物昼夜不停地为人类输出的义务劳动。其中大部分劳动都发生在夜间：授粉、虫害防治、物质分解、碳封存、降噪、制造药材等，不胜枚举。同时，大自然为人类提供的审美体验，鸟语花香，莺歌燕舞，甚至天然疗愈，更是无法用经济价值衡量的无私奉献。

第三章

人类与宇宙之光

1. 黄昏的三个阶段

1675年，丹麦天文学家奥勒·罗默（Ole Rømer，1644—1710）通过对木星的卫星木卫一的观测发现，光在摆动，而不是即刻消失。结合同时代的法国天文学家乔凡尼·多美尼科·卡西尼（Giovanni Domenico Cassini，1625—1712）测量光速的实验，罗默成了最早认识到光具有速度的科学家之一。罗默和卡西尼的结论为我们对光的认识带来重大飞跃，在罗默的观测之后不久，荷兰天文学家克里斯蒂安·惠更斯（1629—1695）提出了光是一种波的观点，而他的同时代人艾萨克·牛顿（1643—1727）则认为光是由粒子构成的。事实证明，他们两人的推论都是正确的。

阿尔伯特·爱因斯坦（1879—1955）通常被认为是将惠更斯和牛顿的理论模型整合为一的人，尽管他本人对此持怀疑态度。爱因斯坦计算出光是由粒子（光子）组成的一种向前运动的波，因此，光有双重性。这意味着，光一方面是有质量的物质，另一方面是运动的能量场。每当光与物体碰撞时，或被吸收，或被反射，而只有当光线反弹回到我们的眼睛时，我们才会感知到物体的存在。

不过，直到 2015 年，爱因斯坦的计算才得到证实。我们日常所说的光，实际上只是更大的电磁辐射中的一小部分。电磁波谱的一端是长波的无线电波和微波，另一端是来自 X 射线和 γ 射线的短波，其间便是我们所能找到的所有颜色的光。电磁波的长短，即光的波长决定了我们能否感知到它。人类眼睛能感受到的光是波长在 380~800 纳米之间的光，波长大的是红光，小的是紫光，介于两者之间的光包含了彩虹的所有颜色。

许多动物对光的波长感知范围超过人类，因而它们对周边颜色的认知也与我们完全不同。我们将超越人类视觉感知范围上限的光称为红外线，我们能感受到的是它的热辐射。蛇能看到红外线，通过与其他视觉线索结合，蛇能辨识出隐藏在周围环境中身体散热的猎物。低于人类视觉感知范围下限的光被称为紫外线，它被昆虫和鸟类应用于一个不属于我们的彩色世界。

光线的颜色随一天中的时间变化而变换着：当太阳处于低位时，短波光会被大气层吸收，属长波的红光则更容易穿透，因此我们会感觉周围环境变得更蓝，而处在地平线上的太阳和天空变得更红。太阳在早、中、晚不同时段，循环交替着蓝光和红光。同时，光的强度反差巨大，比如正午的太阳光，要比阴暗的新月之光亮 10 亿倍。

当太阳开始落山，万物的影子被拉长，天色变暗，黑夜像一张厚厚的毯子，将大地覆盖。在瑞典，民用航空管理局（CAA）的业务法规对黑暗的定义如下：“黑暗是指在日落到日出之间的状态，由于日光减少，8 公里以外的无光物体无法辨认。”夜色深沉的程度取决于太阳在地平线下的角度，黑夜降临之前的黄昏有三个阶段，太阳每下沉 6 度，就进入下一个黄昏阶段，直至光线完全消失于漆黑的夜色。当圆圆的太阳底端沉入地平线时，黄昏进入了第一个阶段，这通常被叫作“人间黄昏”（即“民用暮光”[1]）。此时空中的日光还足够充分，晴天里，你依旧可以在户外读书；当黄昏进入第一个阶段时，天空中最亮的恒星开始出现：织女星、五车二和大角星。我们熟知的北极星在最亮天体排行榜上的位置其实很靠后，但因为它总是可靠地出现在北方，所以是天空中重要的指向标。

黄昏的长短还取决于你所处的位置，越往北，太阳的轨道越平坦，黄昏的速度也越慢。位于地球北端的瑞典，地形狭长，南北距离最远可达 1 500 公里，在春分和秋分时节，“人间黄昏”在瑞典南部会持续近 45 分钟，夏季更可长达 1 小

1　曙暮光（twilight）的一种。曙暮光是指在日出之前或日落之后散射在地球大气层的上层，由于高空大气层里的质点和尘埃对太阳起散射作用而引起的，照亮了低层的大气与地球表面的阳光。又称“晨昏蒙影”。由于曙光开始与暮光结束的标准不同，常分为民用曙暮光、航海曙暮光与天文曙暮光。晴朗日子当太阳在地平线以下的角度大约为 6 度时，民用曙光开始，民用暮光结束；大约 12 度时，航海曙光开始，航海暮光结束；当大约 18 度时，天文曙光开始，天文暮光结束。——译者注

时。划分瑞典南北方的第一大河达尔河以北的地区，在6月之后就进入白昼，黄昏会持续到午夜，接着直接进入黎明，正如瑞典作家哈瑞·马丁松（Harry Martinson，1904—1978）的描绘："6月的夜晚从未到来过。"反之，太阳在冬季从未升到过能够唤起白天的高度，瑞典北方进入极夜。在赤道上，因为没有季节变化，黄昏总是来去匆匆，通常不到一刻钟，夜晚就到来了。

当太阳圆盘的中心到达地平线下6度时，人间黄昏转为"航海黄昏"（即"航海暮光"）。此刻，海平线和最亮的恒星都清晰可见，这是航海中使用六分仪导航的先决条件，"航海黄昏"的称呼就是由此而来的。英国海军军官约翰·坎贝尔（John Campbell，1720—1790）于1757年发明的六分仪，对航海事业影响巨大。通过测量不同恒星在特定时间与可辨识的海平线之间的角度，航船可以确定在海上的位置。现代航海改用无线电定位法，但六分仪仍在广泛应用。

当太阳继续下沉6度，低于地平线下12度时，黄昏的最后一个阶段即"天文黄昏"（即"天文暮光"）就开始了。此刻天空虽然还没有完全黑下来，但较暗的恒星现在也变得清晰可见了，而太阳的方向依旧可辨。当太阳中心到达地平线下15度时，也被称为"业余天文黄昏"，这是因为此刻的天象无需先进观测设备也能看到。裸眼观测天象的世界先驱，是出生于瑞典后在布拉格王室做宫廷天文学家的第谷·布拉赫（1546—1601），他在丹麦与瑞典之间厄勒海峡（亦称松德海峡）中的汶岛创立了天文台，那里现在有一座布拉赫博物馆，向人们展示这位16世纪的天文学家如何质疑那个时代公认的宇宙定律，通过裸眼观测，布拉赫为777颗星星命名。走进当年布拉赫创立的星堡，此时的夜空与400年前布拉赫看到的夜空不可同日而语。厄勒海峡两端连接着瑞典第三大城市马尔默和丹麦首都哥本哈根，城市的璀璨灯光遮蔽了任何一个想用裸眼寻找星星的人的视野。在宇宙星系和遥远的太阳系之间，光污染就好像擦向宇宙之窗的一块脏抹布，天空中的一切都变得模糊了。

2. 暗物质

银河系似乎被一种人类未知的神秘力量吸引着，正在以超高速旋转，这一现象自 20 世纪 80 年代初被发现以来，天文学家们一直被影响银河系旋转的因素困惑着。

詹姆斯·皮布尔斯（James Peebles，1935— ）是试图解开这一重大谜团的著名物理学家。1958 年，就在爱因斯坦刚刚辞世不久，皮布尔斯入职普林斯顿大学。60 年来，皮布尔斯追随杰出前辈的脚步，探究着宇宙结构，从宇宙大爆炸喷发出炙热、稠密的物质，经过漫长的演变，冷却到现在状态的历史过程。皮布尔斯被称为现代物理宇宙学大厦的主要奠基者，他的研究塑造了我们日常的宇宙观，帮助我们加深了对周围不可知世界的认识。在普林斯顿大学校园里，皮布尔斯的住所就在爱因斯坦故居的旁边。

我们可以把皮布尔斯描绘的宇宙图景，比作一个在黑暗的舞台上演出的管弦乐队：几名显现在我们眼前的乐手是宇宙中的可见物质，而后台和幕布背后还有更多的乐手。我们非常确定这些乐手的存在，甚至可以通过理论模型推断出后台乐手的数量，从我们听到的音乐能够判断出他们演奏的乐器。宇宙乐队的人数至少要比我们看得到的乐手多20倍，也就是说，宇宙中的未知物比我们目前能测量到的物质多20倍。

这些看不见的物质，其中一部分被我们命名为暗物质，是完全看不见的粒子，因为它们不发射或反射电磁辐射，而我们的眼睛和测量仪器需要接收电磁辐射才能感知到它们。因此，我们只能依靠暗物质通过引力影响到其他粒子判断它们的存在。如果继续沿用管弦乐队的比喻，我们是通过看得到的乐手与看不到的乐手演奏的和谐音符去感受暗物质的存在。

詹姆斯·皮布尔斯利用一种宇宙初始时就存在的宇宙背景辐射，证实了宇宙大爆炸理论。他得出的结论不仅证实了暗物质的存在，而且确定了它们庞大的数量。宇宙中仅有5%的物质是可见的，约20%是由神秘的暗物质构成的，而其余的部分，根据目前的模型推算是更为神秘的暗能量。暗能量是了解宇宙起源的关键，其深奥性远超出我的理解范围，也不是本书要谈论的对象。

当前的太空望远镜已经能够拍摄到皮布尔斯研究的宇宙背景辐射的照片，揭示出一种结构，一种变化的辐射模式。在皮布尔斯的“现代《创世记》”中，这就是宇宙的蓝图。这个模式显示了最初的粒子如何在暗物质的帮助下聚拢，形成宇宙中的所有星系。皮布尔斯的研究为他在2019年赢得了诺贝尔物理学奖。

人类对光的体验是直接的，看与感知是同时发生的。所有在地球范围内产生的距离感，我们都是能够理解和认知的。但光也需要旅行，需要花时间才能抵达，而光速是有限的，太阳光需要 8 分钟抵达地球，我们看到的北极星是它 400 多年前的样子。事实上，我们无法绝对肯定看见的是否就是存在的，当我们把目光投向远方，看到的越远，时间就越久远。

如果我们沿着宇宙背景辐射的微波的轨迹，在太空中越走越远，我们也会陷入时间向后退的涡轮，就如跌入深海的一束越来越暗的光柱，最终撞到一堵坚不可摧的墙，这就是所有背景辐射的源头。这里是我们能接近的距离宇宙起源最近的地方，在宇宙大爆炸后的几十万年里，一堵由尚未被分类的自由粒子形成的光雾在炙热的等离子体沸腾的汤池构成的墙，微波已无法继续引导我们的时间之旅。

但詹姆斯·皮布尔斯的宇宙却比这更遥远，超越了沸腾的等离子汤池，超越了宇宙大爆炸，在原子和光子被创造出来之前，继续向后推演到未知的世界。在时间开始之前，在上帝带着他的光芒介入创世之前，一个瞬间或整个永恒都处于黑暗之中。太初起始，世界只有混沌黑暗，看来，人类关于世界起源的说法并不缺乏天文学知识。也许我们现在所处的时代只是宇宙永恒生命中的一个小插曲，也许光和物质的年龄只是时空膨胀的波动或暂时效应？世间万物生于黑暗，也将终于黑暗，光明只是暂时的访客。

小时候，我常爱眺望宇宙，按今天的理论，我也是在做时间之旅，只是那时候的我对此毫无知觉。那时的电视里播放的节目甚是匮乏，电视台休息的时候，屏幕上就只剩下乱闪着的雪花，人们叫那是“蚂蚁大战”。那时，我和一个朋友常在他家的老式黑白电视中寻找噪声，我们把屏幕尽可能地调到全黑，当黑色屏幕上还在依稀闪烁白光的时候，我们就创造了自己的星空。我们把电视搬到他房间里，想象我们坐在飞船上，电视机上的扭盘就是我们飞船的控制台，屏幕上的雪花如同《星球大战》中的超声速飞船一样，穿梭在银河系。

我们全然不知，电视屏幕上的蚂蚁大战确实是受到宇宙背景辐射的影响，我和我的朋友看到的确实是来自外太空的信号。140 亿年以来，宇宙大爆炸的冲击波飘散在太空，被电视天线接收，成为干扰模拟电视广播的背景噪声。微波和可见光是电磁波谱的一部分，它们讲述了宇宙的起源，描绘了宇宙的形象，我用电视屏幕上的蚂蚁大战无意中打开了一扇观察宇宙的窗口。

3. 黑暗的尺度

1744 年的元旦之夜，史上最亮的彗星之一 C/1743 X1（也称克林肯伯-歇索彗星，Klinkenberg-Chéseaux comet）照亮了夜空，在新年之际的几个月里，这颗彗星一直闪耀在空中。与此同时，法国人开始了入侵英格兰的失败尝试，而这时还只是一位少年的天文学家查尔斯·梅西耶（Charles Messier，1730—1817）对克林肯伯-歇索彗星产生了极大的兴趣。彗星成了他一生专注的事业，法国国王路易十五还赐予他“彗星猎手”的名称。其实，梅西耶并不只局限于寻找彗星，他的主要工作是在天空中寻找彗星以外的东西，他想将彗星周围的物体进行归纳，那么识别彗星就会更容易一些。就像拼乐高时先把绿色积木分离出去，然后就可以安心地寻找蓝色积木了。

梅西耶区分出来的第一个非彗星的天体是蟹状星云，如今它已被命名为“梅西耶天体 1 号”，简称 M1。蟹状星云是一颗爆炸的超新星，1054 年，人类首次观测到蟹状星云，而今它已经长成一个直径超过 6 光年的气体云。查尔斯·梅西耶活到 87 岁，在有生之年，他整理出 103 颗被误认为是彗星的其他天体。

梅西耶创建的《梅西耶星团星云表》后来扩展到 110 个天体，被天文学家广泛应用于各种场合，例如，它是测量夜空质量即夜晚黑暗程度的重要工具。21 世纪初，一位美国业余天文学家约翰·E. 波特尔（John E. Bortle）基于梅西耶的星云表建立了一套辨识黑暗等级的系统，称为波特尔暗空分类法（Bortle Dark-Sky Scale）。该量表分为 9 级，1 级代表完全不受外来光影响的天空，9 级代表我们在大都市中心上空看到的暗淡无星的天空。黑暗级别的判定取决于天空中可见的天体和天象，波特尔利用了梅西耶表中的星云和黄道十二宫及银河发出的微光。

在被波特尔的分类法评定为 1 级到 2 级的星空中，肉眼可见的星星或其他天体达 6 000 颗之多，包括 M33，这个三角星系是人类不用望远镜就能够看到的最遥远天体，在非常暗的天空中，它可以被看作三角座的一部分。在银河系中，它可能是距离我们最近的邻居，但它距离银河系仍有 300 万光年。也就是说，我们今天看到的来自三角座星系的光线，是在地球上智人诞生的那一刻开始奔向我们的。

在波特尔暗空分类法中被定为 4 级的天空中，平常训练有素的人类肉眼依旧能在天空 2 000 多颗星星中找到 M33。但到了 6 级，天空中可见的星星数量锐减到 500 颗以下。被波特尔的分类法评定为 4 级到 6 级的夜空，就是日益城市化的景观造成光污染影响越来越明显的地带。无论是在城市还是乡村，银河系渐渐融入夜空，直到 7 级，彻底从夜空消失。到了分类法的顶级 9 级的时候，夜空中只有 5~10 个最亮的天体可以被辨认出来，而此刻，人造光照亮的天空要比未受影响的天空亮 1 000 倍。

1701 年 2 月，在瑞典首都斯德哥尔摩的市中心举行了一场庆祝活动。活动不惜重金，在城市各个角落布置了 130 门大炮。当夜幕降临，为国王和他的军队举行的庆典活动开始了，鸣礼炮，唱赞美诗，在大广场上由宫廷建筑师小尼古德默斯·泰辛（Nicodemus Tessin the Younger）亲自设计的一座 25 米高的木制金字塔内，2 000 多盏烛台被点燃，金字塔背后一米多高的字母被照亮，向一年前带领瑞典打胜仗的国王卡尔十二世致敬，盛大的场面让人群沸腾了。要知道，这是一个电影、电视和霓虹灯都没有被发明出来的世界里发生的盛况。入夜，城市张灯结彩，到处悬挂着国王的画像，市中心的教堂广场上还搭建了一座由数千盏灯笼照亮的露天剧场。用灯光突显国王的显赫力量，就像今天在拉斯维加斯建造的巨型卢克索天空灯柱一样。

回到当代的拉斯维加斯，作家保罗·博加德（Paul Bogard）开启了他跟随波特尔暗空分类法观测夜空的旅行。他的著作《黑夜的终结：在人造光时代寻找自然的黑暗》（*The End of Night: Searching for Natural Darkness in an Age of Artificial Light*），记录了他从霓虹灯的无冕之都拉斯维加斯开始探索黑暗的旅行。在拉斯维加斯，昴宿星团是唯一可见的梅西耶天体，除了月亮和离地球最近的行星金星和火星之外，人造光遮蔽了天空中绝大多数天体。博加德一路渐行渐远，在天文学家、科学家和其他黑暗之友的帮助下，寻找更黑暗的夜空和更壮丽的天文体验。最终，他来到了位于死亡谷国家公园的尤里卡谷。这里距离拉斯维加斯星光大道的距离才350公里，却有公认的全美最黑暗的夜空。死亡谷享有许多美国之最：最炎热，最干燥，人口最稀少，地势最低。这里有众多低于海平面的山谷，周边是海拔超过3 000米的大山。因此，尽管距离拉斯维加斯和加利福尼亚州的大都市都不远，但光线被有效地阻挡在沙漠夜晚的外围。博加德写道：在这里，银河的光芒是如此强烈，以至于在地面上形成了阴影，而遥远的木星光芒闪烁，令我眼花缭乱。在苍茫的暮色中，远古文明与星光交织，以及城市夜空里隐逸在光亮下的黑暗，都让我们对光明和黑暗重新定义，人类对于光明和黑暗的感知也时常会与现实脱节。

4. 圣劳伦斯之泪

每年，当地球北方的光照开始缩短，渐渐让位于昼短夜长的冬日时，地球就会穿过斯威夫特·塔特尔彗星的轨道。这颗彗星本身每133年才出现一次，但在它绕太阳运行的轨道上，散落着从彗星表面撕裂下来的颗粒和尘埃云，有的小如沙粒，有的大如岩石。当地球穿过彗星轨道时，我们会看到这些以每小时20多万公里的速度飞行的颗粒，撞击大气层，与空气摩擦发热，在夜空中留下细长、发光的白色流星轨迹。8月中旬一个晴好、漆黑的夜晚，就是看到这场流星雨的时候。

为了能够尽可能不受干扰地体验流星，我会和家人一起早早把我们的小木船收拾干净，舱里铺上羽绒被、毯子和枕头。午夜时分，我们把船划到度假小屋附近的湖中心。这座湖边度假小屋是祖父留给我们的遗产，按照20世纪50年代瑞典社会的健康理念建造，一幢简朴的湖边小屋，成为城市公民满足身心健康的居所。按照祖父的说法，湖光山色，夜幕星空，潺潺流水是让精神放松的最佳方法。这幢老房子里还留着爷爷的躺椅和咖啡杯，爸爸小时候画的船和他做的日志，详细记录了湖水的水温、水深、最好的垂钓地。靠窗的桌子上还有一台老式留声机，烧柴的壁炉上方，挂着奶奶不知何时烙的饼。

我们把船划出去一小段路后，将船桨收起，爬进毯子里，静静地让船在水波安静下来后慢慢寻找自己的方向。我们抬头仰望夜空，让眼睛适应黑暗，等待着头顶的天空即将上演的流星大戏。瑞典 8 月的晚上已经寒气凛冽了，但湖水依然温暖，这让我们的船周围渐渐升起一团雾气，我们像飘浮在云中，眼睛却一刻不停地凝视着夜空。很快，我们看到了第一颗流星燃烧着划过天空，之后，又是一颗，很快就根本数不清了。原则上，所有流星划过夜空的白线都起于英仙座，英仙座流星雨在每年 8 月中旬达到顶峰，它有时也被称作“劳伦斯星系群”（Laurentiussvärmen），或“圣劳伦斯之泪”（Sankt Lars tårar）。圣劳伦斯是一位圣人，因为在罗马总督面前为穷苦人说话，被当局用一根烧红的缰绳勒死。

拖着圣劳伦斯之泪的斯威夫特·塔特尔彗星，是由刘易斯·斯威夫特（Lewis Swift，1820—1913）和霍勒斯·帕内尔·塔特尔（Horace Parnell Tuttle，1837—1923）于 1862 年分别发现的，据说是因为那一年的彗星发生了大面积断裂，产生了大量尘埃。彗星是诸多可能与地球发生碰撞的天体之一，尽管这种风险仍被认为相当低。塔特尔是一位著名的彗星猎手，也和查尔斯·梅西耶一样，为多个天体命名，包括著名的坦普尔·塔特尔彗星，即狮子座彗星。这是一颗追踪狮子座尘埃云的彗星，每年11月中旬我们都能看到它。狮子座流星雨大爆发每隔33年出现一次，上一次发生的时间是在1999年底，千禧年来临之前。

以前，我们的度假小屋附近还有一座熏鱼房，是爷爷为熏制鳗鱼建造的。据爷爷说，那时湖里的鳗鱼多了去了，不仅是湖里，附近溪流、沟渠、水井到处都有鳗鱼。可我在湖里只见过一次鳗鱼，还是我潜到湖底在淤泥中把它赶出来的。如今，已经没有人自制熏鱼了，湖里的鳗鱼也越来越罕见了。

每到秋天，鳗鱼便开始从内陆和海岸线向马尾藻海的旅程。鳗鱼从不在阳光下露面，是一种生活在黑暗中的神秘生物，当月亮低垂时，它们在夜幕的掩护下，借助洋流朝着远离瑞典水域的遥远太平洋游去，去那个传说中所有鳗鱼的出生地和产卵地。爷爷在世时，在夏天的傍晚，他会坐在湖中缓慢漂行的小船上，不紧不慢地钓鱼，安静地享受人在天地间的时刻，而真正重要的不是捕捉鳗鱼或鲈鱼。就好像观看流星雨的经历，让我们惊讶的不是陨石本身留给我们的记忆，而是认识到在那无边无际的黑暗里，还有那么多未知的事物等着我们去认识或赞叹。

5. 唯一的月亮吗？

天文黄昏运行 6 度后，大地被夜幕笼罩。但这并不意味着天空完全被黑暗控制，即使在最深沉的午夜，太阳也能通过月亮的反射展现它的存在。满月的光芒只有正午阳光的 1/400 000，但也足以指引地球上的生物度过黑夜，从昆虫到人类皆受其牵动。毫不夸张，月亮对于地球历史及人类文明来说，在文化、物理和生态等各方面都影响重大。

在皎洁的月光下，鹪鹩和青蛙不会放歌，蝾螈、甲虫和飞蛾也会减少夜间活动，许多动物为了利用或躲避月光，都会按照月相周期来安排自己的生活。那些在树木间、灌木丛中或水边捕食的蝙蝠，对埋伏在暗处的捕食动物保持着天然的警惕性，对月光尤其敏感。当然，也有蝙蝠完全不考虑月相。夏末秋初，在瑞典南方斯莫兰省塔伯格的矿井外，成群结队的蝙蝠在月光下进行交配舞蹈，巡视它们的冬季住所。

很多人的情绪受月相周期的影响，例如满月时感受到痛经、失眠及焦虑不安等。一些瑜伽教练还建议满月时停止瑜伽练习，因为他们确信月亮会对人造成影响。在瑞典南部卡尔斯塔德市中心医院的产房里，有一块记录产妇分娩时间的黑板，上面也标记着满月的时间。人们普遍相信月圆之夜出生的婴儿要比新月之夜出生的婴儿多，但这里的图表却证实，婴儿在任何时间都会出生。

我们也常看到一些关于月圆之夜发生诡异事件的媒体报道，诸如满月时人们或许会发疯，急救中心也会在月圆之夜格外忙碌。警察局的报告的确证实了这一点，月圆之夜的出警率果真比平时高。月圆与疯癫的关联成了一个潜伏在我们生活中的现代神话，尽管科学证明，月圆与失眠并无直接关系，光线才是影响睡眠的原因，你需要的只是更严实的遮光窗帘。

人类对月亮的着迷与人类历史一样久远，许多文化都以月亮为中心。2008 年，科学家宣布他们揭开了 100 年前在希腊海域发现的安提凯希拉装置（Antikythera Mechanism）的秘密，这原来是一个 2000 年前的天文仪，能够计算出太阳轨迹和最亮恒星及月亮的升降时间，甚至还能预测日食和月食的日期。在一个没什么人造光的时代里，能够计算出满月的时间具有重大价值，因为运输物资或调动军队都可以在月色的朗照下进行。

人类正在不断揭开更多的宇宙秘密，半个世纪前，人类在月球表面迈出了一小步，并随后大步跨入太空时代。然而，对于普通人来说，夜空下感受天文经验的机会却越来越少了。灯火通明的都市夜空几乎湮没了星星，幸亏还有月亮，在亘古不变的轨道上持续着古老的运行节奏。月亮在神秘的面纱下只给地球露出被照亮的一面，而月亮上肉眼可见的环形山让人类的想象力自由驰骋，用来吓唬小孩或是表达神谕的月亮神话，我们可有太多了。

村上春树的三部曲《1Q84》描写的是一个天空中多了一轮超级月亮的奇异世界，现实中，添加月亮的实验并非只是科幻。比如在中国四川成都，一家名为天府新区系统科学研究会的科研机构，提出了一项用人造月亮替代城市夜晚复杂又昂贵的路灯设备的研发计划，包括发射人造月亮的设想。这颗人造月亮的运行轨道将紧紧跟随成都的地理位置，人造月亮上的镜面结构通过反射太阳光照亮成都的大街小巷。这个听上去有点疯狂的科研项目自然遭到很多人的质疑，但根据《中国日报》2018 年 10 月 18 日的报道，中国工程师已经计划 2022 年发射 3 颗人造月亮，预计每年可节省 12 亿元人民币的能源成本。每颗人造月亮的亮度约为自然月光亮度的 8 倍，相当于黄昏时的光线。这岂不正是村上春树小说中描述的情景？人们对夜晚的体验，以及人类、动物和植物的生存环境都会被彻底改变。

即便是无月之夜，太阳也对天空有着间接的影响。沿着太阳环绕地球的假想轨道——黄道，光线被宇宙尘埃反射，形成微光，即所谓“黄道十二宫之光”，也称“黄道光”。宇宙尘埃由流星和彗星产生的微米大小的颗粒组成，它们在身后星空的背景衬托下显露出三角形的光芒。在一个晴朗的新月之夜，黄道光可占到 60% 的夜空亮度，像一个朦胧的圆锥体，一个投向被黑暗笼罩的地球舞台的聚光灯，这让许多夜行者误以为天色将亮，因此黄道光也被称为“假黎明”。关于这一天文现象最早的科学记录，出自 17 世纪的法国天文学家乔凡尼·多美尼科·卡西尼，但人类自诞生时起，就已观察到了这一现象。例如，早期的伊斯兰教文献中就有对天空中的“狼尾巴”的警告，即在夜空中出现的垂直光柱造成黎明到来的错觉。在穆斯林的斋月期间，信徒们只有在黄昏和黎明之间才能进食，因而要谨慎防范被伪装的黎明欺骗而破了教规。黄道十二宫发出的曙光像是天空落下的狼尾巴，而真正的黎明是从水平方向出现的。据一个穆斯林的传说，神创造了一只帮助人们辨识时间的蝙蝠，当太阳在地平线下时，蝙蝠醒来；当黎明到来时，蝙蝠会躲进洞穴里。蝙蝠是不会被天上的“狼尾巴”迷惑的，它知道黎明真正的模样。

6. 蓝色时刻

长途汽车在 40 号国道上行驶，与车后孤独的司机驾驶的大卡车和众多私家车一起，共同构成了蜿蜒的车队，车子红色的尾灯在深蓝色的夜空下显得格外醒目。对面川流不息地驶来的车亮着白色的前灯，越是新车，车灯就越白。这个密集的车队渐渐驶离市区，路上的车子开始变得稀疏起来，最终，我坐的长途汽车转过山谷，驶过路一侧的峭壁，向我住的镇子驶去。从车窗向外望去，小镇上 100 多户住家的窗口全都亮着黄色的小光点，在车窗外浓密的黑暗中，很难将光污染与这些照亮家家户户的小光点联系在一起。但当越来越多的小光点连成一片，天空云层将地面建筑里的光反射到空中，抬头看天时，就会发现天空中隐约显出的荧光。

我下了车，今天是 12 月 13 日，正是瑞典一年当中黑夜最长的一天，也是传统的迎接光明到来的露西亚节。在我头顶的天空，双子座流星雨正在经过，这是我们在地球上可以体验到的规模最大的流星雨之一，但此刻我什么都看不到。停车场的路灯映照出空气中的夜雾和冷雨，糟糕的天气加上灯光污染遮蔽了今晚的夜空奇观。所幸双子座流星雨的数量每年都有增加的趋势，希望我能在下一个露西亚节找到一个更黑暗、更晴朗的地方，亲眼观看这一天文奇观。

2016 年的露西亚节前夕，我应邀前往瑞典东北的北博滕省帕亚拉市参加一个蝙蝠研讨会。12 月的太阳努力地想要爬上地平线，照亮博滕海湾结冰的海面，但终于还是放弃了。在继续北上的旅途中，这里的地名、冻土和黑夜对于我这个瑞典的南方人来说，都显得那么奇异。当我终于抵达目的地的时候，伴随着纷飞的大雪，我好像觉得已经触摸到了北极圈。

我要去宣讲蝙蝠的夜行生活，而我们开会的科皮隆博洛村正在举办黑夜节。在太阳完全消失在地平线下的两周里，全村 500 多名住户全都走出家门，在北极最黑暗的夜色中举行冬日庆典。外地游客、远方亲戚也都闻风而来，人们聚在黑暗中，饭馆里的餐桌上摆满蜡烛和美食迎接客人，各种现场音乐更是此起彼伏，就连天空好像都被人们的热情给点亮了。在这个特殊的庆典上，诗人、作家、音乐家、艺术家和手工匠人济济一堂，讴歌黑夜。这不是哀悼夏天的集会，冬天固然残酷，但这里有瑞典人的灵魂歇息的角落。

极夜是指极地冬天的太阳永远不会高过地平线的现象，在芬兰语中，极夜被称为 kaamos，意思是“永恒的黑暗”。漫长的黑夜让人联想到悲伤和忧郁，但也同时意味着沉思和静怡。自古以来极夜代表着停顿，这段时间里可做的事情只有睡觉、沉思和交谈。

Kaamos，永恒的黑暗，就像植物的冬眠，不过，极夜其实并不是深不见底的至暗。夜空有星星像挂在遥远的圣诞树上的装饰，北极光也不时来造访，在大自然上演炫丽的霓虹和激光秀。当年，我在北方服兵役的时候，亲身经历过人生第一次北极光。那时我正守在午夜岗哨，凝视着远方无尽的黑夜，突然间，地平线上缓慢地升起一束绿光，边缘镶嵌着淡紫色的光晕。光像一片被风吹拂着飘在空中的窗帘，光芒时强时弱，在我眼前快速地闪烁着。如果不是我一直在盯着黑夜，这样快速的闪烁可能都不会被我的视网膜捕捉到。我也是愣怔了一刻才明白我看到了北极光。人类的夜视力需要有足够的时间生成，允许在视网膜上的视紫红质形成分子堆栈，人类才可以看到更微弱的光线。这次与北极光的第一次接触，虽然我只看到更大的极光下的一小部分，但我已经被震撼了。

极光产生于太阳风到达地球大气层100公里的高度时，带电粒子流在地球磁场的吸引下以椭圆形轨迹落向地球的两极地区，我们称之为“极光卵”。太阳活动越剧烈，太阳风产生的带电粒子流越密集，极光就会在离极点越远的地区出现。通常，北极光出现的地区在斯堪的纳维亚半岛最北端、加拿大和西伯利亚的北部。在北欧神话中，北极光是身披闪亮盔甲的女武神带领战士们前往奥丁神殿，为最后的“世界毁灭”做准备时，留在盔甲上的倒影。

偶尔，北极光也会在瑞典最南部的城市被观测到，但飘动的电子风只有在浓密的黑暗中才能显示出来，而在灰黄色的城市天空下，我们很难用肉眼看到极光。

极地冬日的暗夜中还有另外一种蓝光，尤其在下午时分，会像一层薄薄的滤镜罩在大地上。此刻如果你向南望，地平线下的太阳会隐约泛出红色，让北望的风景显得更加幽蓝。在正午时刻，大地完全被蓝光覆盖，这景色是北欧画家钟爱的主题，从挪威的爱德华·蒙克（Edvard Munch）到瑞典的尤金·扬森（Eugène Jansson）都画过。北极永恒的黑暗——Kaamos，在中午过后抵达蓝色时刻的巅峰，那一刻，风景好像掉进了游泳池又被迅速打捞起来，这短暂的蓝色时刻就是极地冬天的黄昏。只有身处北极圈以北，尤其是在冬至日前后才能够亲身经历这一奇观。我在科皮隆博洛村拍摄的唯一一张照片，拍的是一个矗立在蓝光中的被大雪覆盖的冰激凌广告牌，蓝色时刻在那里变成了永恒。

7. 灰黄色天空

1994 年，洛杉矶大地震造成全城大面积停电，当一个接一个的城区陷入黑暗后，久违的星星又开始出现在天空。据说，那天晚上洛杉矶急救中心接到无数求救电话，人们惊慌地描述着在洛杉矶上空消失了几十年的银河系重现的奇异天象。在当代城市人眼中，看到星星都变成了奇观。

创建于 1935 年的洛杉矶格里菲斯天文台位于市内的格里菲斯公园，它有一点儿像野化版的纽约中央公园，后者是很多美国电影和电视剧的取景地。这里的蔡司天文望远镜吸引了几代人来观测天空，尽管在洛杉矶市内已经很久没有看到过星星了。通过天文望远镜，越过城市的灯火，人们仍然可以看到月球的表面，以及邻近我们的行星和天体。

瑞典的哥德堡城市天文台自 1929 年起就将一台全景天文望远镜对准天空，20 世纪 80 年代中期，哈雷彗星的到来引发了短暂的太空热，天文台也借机更新了设备。如今，哥德堡天文爱好者俱乐部的成员时常在这里聚会。天文台幽暗的展厅里还闪烁着一个古老的星象模型，最令人期待的是，每当天文台的顶楼窗口打开，天文望远镜指向天空的时候，前来观测的人们内心难免激动。尽管现代城市的天空已失去从前真正的黑暗，但当天文台的屋顶打开，夜晚逐渐占据四周，那一刻，天文台与宇宙融为一体。

哈雷彗星每 76 年与地球擦肩而过一次，它下一次出现的时间预计在 2061 年，不知那时会不会再度引发人们的天文热情。在被灰黄色雾霾萦绕的大都市上方的夜空中，离地球较近的仙女座星系和大部分恒星已经看不到了，只有 1/5 的欧洲人能在他们的居住地看到天空中的银河；但在北美和欧洲，几乎所有人（99% 的人）都生活在受光污染影响的天空下。黑暗和星空成了今天人类的冷知识，我们几乎无法想象几代人之前的黑夜是什么模样。

文森特·凡·高（1853—1890）描绘夜空的名作《星月夜》，创作于电灯即将占领城市景观的前夜，那时的夜色和星空还是属于所有人的资源。画面上代表星光的蓝色和黄色旋涡，近乎癫狂的混乱表达，让人想到艺术家因精神病发作，住进圣雷米疗养院的经历。和许多艺术家一样，凡·高也患上了“黑胆症”，这是亚里士多德对艺术家、哲学家和诗人在创作中陷入忧郁、困惑时所患“创作抑郁症”的别称，难怪自古以来对黑暗面的迷恋就被视作艺术家与生俱来的天性。凡·高在圣雷米疗养院住了一年，其间创作了大量作品，《星月夜》是众多描绘夜景的作品中最著名的一幅。也许他在画自己内心忧伤黑暗的一面，但也许如此璀璨混乱的天空景象就是人们所经历的电灯出现前的夜空。

与凡·高同时代的瑞典画家尤金·扬森（1862—1915）也以画夜景而著名，他笔下斯德哥尔摩的夜晚也是在电力普及之前的景色：街道上只有零星的电灯照明，昏暗的煤气灯倒映在水中，深蓝色的天空笼罩着漫长的夏夜。很快，在历史新旧交替的短暂时刻，煤气灯渐渐从斯德哥尔摩的街道上消失了。

伦敦至今还保留着大约 1 500 盏煤气路灯，它们是从过去诸圣节至圣烛节期间全城点灯的习俗中保留下来的。它们每晚照亮白金汉宫外部、林荫路，以及游客喜爱的考文特花园。古老的煤气灯完美地演绎了复古情怀的美学追求。最老的煤气灯要追溯到 18 世纪末，一直到 1976 年，煤气灯都是用一根 2.5 米长的带火焰的铜棒手动点亮的，但现在已改作自动点火了。煤气灯需要很多的保养，每半个月要进行检查和调整，确保煤气灯那微弱却温馨的火苗准时照亮伦敦的街道。尽管大多数这些维多利亚时代的遗物早被电灯取代了，但伦敦人对煤气灯情有独钟，王室也格外珍视这份传统，白金汉宫附近的照明依旧延续着煤气灯的传统。

电力无疑是改变人类生活方式的最具革命性的发现之一。自 1879 年托马斯·阿尔瓦·爱迪生（1847—1931）为他发明的商业用途的灯泡申请了专利，人类从此进入了一个崭新的时代，就如 19 世纪末瑞典首都街头商业广告的提醒：入夜，有电灯亮起！

8. 工业之光

现在，我要来说说和我同名同姓的曾祖父约翰·埃克洛夫，他的一生贯穿了短暂的煤气灯时代与工业崛起时代之交的瑞典。曾祖父出生在瑞典西部的马丹斯霍尔摩，今属蒂达霍尔姆市，湍急的蒂达河绕城而过，形成发展工业的理想之地。曾祖父的祖先曾在附近的采石场工作，我也曾在那里黑色的寒武纪黏土页岩中寻找过化石。从 18 世纪起，蒂达河岸先后建起磨坊、锯木厂、染料厂和纺织厂。1878 年，年仅 12 岁的约翰·埃克洛夫开始在纺织厂工作。他每天早上 6 点上班，晚上 8 点下班，到了秋天最忙的时候，会一直工作到晚上 10 点。冬天起床的时间还要更早，因为他要在工厂开工前把车间的炉子生好。纺织厂老板从未考虑过车间里照明的问题，更不理会四季光照时间的变化，车间里永远是一片漆黑。因此，小约翰对光明和太阳的渴望，只能在一周中唯一的休息日通过参加户外活动得到满足。

经过近 20 年的辛苦工作，我的曾祖父被提升为纺织厂的纺纱师傅，月薪提高到近100克朗，属于那时的高薪阶层。尽管如此，曾祖父婚礼当天，纺织厂老板竟然连一天的婚假都没有准给他，因为没有其他人能胜任他的工作。

1895年，在曾祖父刚刚升为纺纱师傅之际，纺织厂第一次安装了电灯，这在瑞典算是领先的。在此之前，昏暗的车间里照明靠的全是煤油灯。煤油灯的灯光微弱，而且被工厂内的粉尘进一步削弱。

安装电灯价格昂贵，所以工厂规定只能使用低于16瓦的灯泡，这相当于16支标准蜡烛的亮度，按当时的水准这已算得上是灯火通明了。按照今天瑞典工作环境管理委员会的条令，这种亮度当然是不合格的。20世纪40年代，当地一家报纸曾经采访我曾祖父，让他谈谈在世纪之交的纺织业工作的感受。老人家回答道："……真不知道今天那些被称为安全委员的人，要是看到我们当年的工作、照明状况，该说什么呢！"人类在将白天与黑夜融为一体的大路上不断进步。工业发展，工作条件改善，带来商业和娱乐业的繁荣。商店营业时间延长，灯火通明的商店橱窗里摆放着诱人的商品，接着，电视机出现了。城市像火光，吸引着人们像飞蛾扑火一样涌入；未来如明灯，至少，明灯就是未来，人类终其一生想要征服黑暗的梦想就要实现了，谁会在这种时候想到灯光也会带来伤害？人人都朝着被灯光点亮的未来阔步前进。

在前工业社会里，黑夜是属于邪恶的时间，黑暗中隐藏着魔鬼的信息。但也不乏黑暗的捍卫者，一些学识渊博的欧洲传教士宣称夜晚和白天同等神圣，因为黑夜也是上帝的安排。夜晚应该是居家祈祷、自己做自己的事情的时间，早在 1662 年，就有一位伦敦的传教士如是说：“切莫将白天变为黑夜，亦不可变黑夜为白天。”

启蒙运动思想家让-雅克·卢梭（1712—1778）强烈反对过于人工化地改变世界。按照他的见解，街头照明是没有得到上帝许可的，人类在人工化的世界里会失去灵魂。到了 19 世纪晚期，一些住在巴黎和伦敦的天文学家就注意到城市灯光和烟雾遮蔽了夜空中的黄道十二宫。瑞典著名作家奥古斯特·斯特林堡（August Strindberg，1849—1912）也加入了反对电灯的行列中，1884 年，他在瑞士逗留期间写下了一篇名为《论普遍的不满情绪及其原因和补救措施》的杂文，猛烈抨击了宣扬现代发明和改良成果能惠及社会精英以外人群的论调。在他看来，电灯只是一种让普通工人多干活儿而且还会伤眼睛的发明。斯特林堡写道：

> 他们谈论着什么电话、消费者协会、高工资、油画板和更便捷的通信方式，他们指着银行（尚未倒闭）、慈善机构（满怀感恩和屈辱）和电灯（伤害人的眼睛，延长工人工时），仿佛这一切不仅仅是他们狂热物质追求的表征似的。

斯特林堡把照明政治化的观点不乏合理性。照明自然是有效地提高生产效率的方式，同时，正如 200 年前的蜡烛通过装置放大其光芒，照明也是财富和权力的象征。当黑夜被照明驱散，人们的日常生活被彻底改变。工业创造就业机会，工业发展推动城市发展，很快，城市进入了无眠状态。

9. 紊乱的时钟

如果你有机会在傍晚 6 点前后远眺一座热带城市，你会看到日光像被城市中心吞食进去一样，黑暗瞬间降临。与此同时，被点亮的城市开始向四面八方发光，仿佛太阳从未落到地平线以下，而是落脚在城市中心，万家灯火筑起闪亮的防线，抵御周边的夜色。

在其他纬度季节变化更为明显的地区，夏季的昼夜不会如此分明，比如在瑞典北方，黄昏似乎会一直持续到黎明，城市的灯光与周边黑暗天宇的反差也没有这么明显。不过冬天倒是另有一番情景，北方的积雪会反射极光、星光和月光，照亮漫长冬夜。科学家已经注意到积雪反射灯光的现象，德国的一项研究选择了 3 个不同纬度的地区做测量：柏林郊区、拉脱维亚的波罗的海海滨，以及处于北极圈以北的芬兰北极城罗瓦涅米，结果证明有积雪反射光线的地区的天空要比没有积雪反射的地方亮度高出 33%。遇到阴天，光线会被反射回地面，营造出一城两月的照明奇观，但在那些安装了遮护板以减少光线外溢的路灯下，积雪的反射没有那么强。

作为生活在瑞典南部西海岸的哥德堡人来说，冬天对我还是有点儿挑战的。这里的冬景就像一张画面模糊的、褪了色的老照片，橘黄色的路灯把冬天里的每一滴水珠都反射成橘色的水雾，与此刻城里游乐场的大门前摆出来的迎接万圣节的橘色南瓜很般配，就连瑞典人都说西海岸湿冷、阴暗的冬日太压抑了，唯一的好处可能就是，每个人都可以毫不内疚地将自己裹在毯子里窝在家中。有时我想，灰黄、阴暗的冬天是不是还不如彻彻底底的寒冬好过一些呢！

春天终于来临了，此时，来瑞典旅游的外国游客都会被这个国家举国上下皆可看到的同一现象所震撼：在被春光照耀的城市的每一个角落，无论是汽车站、广场、街道还是任何一座朝南的墙边，都会看到一些静静地站在阳光下的瑞典人。他们仰头望天，脸上露出一种近乎宗教感的神性，但他们的目光不是在寻找上帝，而是在寻找比上帝更古老的太阳。太阳光线照在人体肌肤上，会产生有益人体增强钙质的维生素 D，而长期缺少光照会引发维生素 D 短缺，可以说从化学层面上，我们的身体也需要太阳。

太阳光线中明亮的蓝光和紫光不仅能帮助人体制造维生素 D，当视网膜被晨光照到的那一刻，神经会向大脑中控制昼夜节律的枢纽——上丘脑发出信号，这里是控制人体睡眠的激素，即褪黑素形成的中心。褪黑素通过血液和脑脊液被输送到细胞中，白天保持在较低的水平，因此我们表现出兴奋清醒的状态，而随着夜晚到来，自然光线变暗，褪黑素会升高。人类和其他动植物一样对不同类型的光线有不同的反应，蓝光代表白天，红光代表傍晚。实际情况当然比这个复杂，但简单来说，每当偏蓝的日光抵达，感光的隐花色素蛋白将我们体内的生物钟重设，这就宣布新的一天又可以开始了。

人体内置的掌管我们吃饭和睡觉的生物钟，周期大约为24小时，与昼夜的节律基本一致，但在现实中，我们大多数人的生物钟周期会多出一刻钟左右。因此，我们如果放任生物钟自由摆动，慢慢地就会昼夜颠倒，这种现象在被长期困在黑暗中的人以及完全失明的人身上已被证实。失明者对昼夜节律的感知产生错乱，因此每天总会比正常人晚一点进入睡眠状态，久而久之，令失明者饱受失眠之苦。有些人天生的昼夜节律就比较短，就是我们说的典型的早起族。

许多动物通过冬眠来适应昼夜的自然节律，为春天的到来做准备。在这方面，褪黑素发挥着重要作用。当动物体内的褪黑素水平长期居高不下，表明现在是冬天；反之亦然，当睡眠激素水平较低的时候，白天变长、变亮，春天就到了。

我们体内的睡眠激素在日落到午夜期间会持续上升，在我们身体上的表现就是疲倦感增强，身体开始为夜间的睡眠做准备，大脑处理好一天中的各种信息和印象，需要关机以恢复活力。此时，我们的体温会有所下降，新陈代谢减缓，饥饿感降低。饥饿感降低是因为褪黑素触发了体内另一种激素——瘦素的活跃度。瘦素关联着人体内能量存储和使用的状态，它在夜间含量较高，日出后会下降，与褪黑素一起，有节奏、有规律地调节着我们的食欲。这个机能在人类进化的幼年期尤其重要，因为它可以帮助我们的先人保存能量，不至于因为半夜饿肚子而起床寻找食物。

如今，在15~29岁年龄组的人群中，超过80%的人是把手机放在身边睡觉的。人们睡觉前的习惯已经从以往看看电视、电脑，在白瓷砖的洗手间里发发呆，变成手机不离手了。睡觉前的最后几个动作包括拿手机定闹钟，翻阅社交媒体，查收邮件和各种网上冲浪。也许你在临睡前还吃了个消夜，所以瘦素都来不及造访。等你终于熄灯，闭眼，窗外依旧有路灯的光亮，偶尔还有夜行汽车的车灯扫过，邻居家花园里的射灯也可能会从窗帘后面悄悄照进来。无论暴露在哪种光线下，我们体内褪黑素的自然波动都被扰乱了，而其中的蓝光和日光很接近，对我们睡眠的影响最大。

哈佛大学的一项研究表明，8勒克斯的光照强度就足以破坏褪黑素的周期，这个照度相当于“人间黄昏”到夜晚之间的亮度。光亮影响我们睡觉的节奏，大脑和身体无法放松下来，体内还在继续新陈代谢，肚子感觉饿起来，这一切注定导致睡眠质量的下降。

10. 病随光至

有谁没被睡眠不足困扰过啊！但凡照顾过婴儿，上过夜班，坐过飞越多个时区的航班，或者通宵逛夜店的派对猛兽们，都体验过不睡觉的疲劳之苦。不过，这种情况只需补个觉就能很快恢复元气，真正长期受睡眠问题困扰的人，则会发展出慢性压力、抑郁症，甚至由此引发身体上的疾病，身体状态陷入恶性循环，而精神压力和睡眠紊乱相互影响，让人总体上陷入抑郁状态。比如在人口仅为 1 000 万的瑞典，就有近 100 万人定期服用某种形式的抗抑郁药物，抑郁症已经成了一种危害公共健康的常见病。

尽管我们还无法证明减少夜间光照对睡眠和心理健康的具体效应，但毋庸置疑，黑暗的睡眠环境肯定有益睡眠质量。有人通过调整体内的生物钟，让睡眠跟着昼夜的自然节律走，也有人喜欢在全黑的环境中入睡，无论怎样做，重点是我们要了解光线变化的规律，因为我们体内的褪黑素水平是随着光线亮度有节奏地变化的——蓝光属于白天，红光属于黑夜。

肥胖是另外一个与黑暗相关的全球性健康问题。造成肥胖的原因很多，其中一个原因是褪黑素的节奏被打乱后，体内瘦素水平偏低，增加夜间的饥饿感，换句话说，光亮把我们变成了胖子。不仅如此，褪黑素还影响我们免疫系统中其他激素的形成过程。20 年前，一位丹麦学者通过对 7 000 名乳腺癌患者所做的各方面研究，得出的一个重要结论是夜班会增加肿瘤形成的风险。这位叫汉森的学者追踪了护士、空姐和轮班制的工人，发现这些需要在夜间工作的人，要比在正常时间工作的人患癌症的概率大，尤其是激素敏感类型的癌症如乳腺癌和前列腺癌的患病率更高。如今，世界卫生组织已经把涉及昼夜节律紊乱的倒班工作可能会致癌的警告，和吸烟引发癌症风险的警告放在一起发布了。

原因并不明了，但部分在于夜间照明。众所周知，褪黑素及其对其他激素的影响有助于抑制肿瘤，如果生物钟被打乱，导致夜间褪黑素缺失，那么它遏制肿瘤的功效就会减弱，癌症肿瘤就更有可能生长。在以色列，研究人员发现疾病的发病率与夜间短波蓝光的数量有关。在该国光污染最严重的地区，激素依赖性癌症（如乳腺癌）更常见，而肺癌等则不常见。

虽然我们对于光对人体健康的影响，以及睡眠周期紊乱对人类健康的影响，还没有明确答案，但事实证明，上夜班的工人身体受到的损害确实比上正常班的人要大。今天的社会，仍然有很多岗位需要夜班的人守护，一些重要的社会职能依赖于全天候的工作人员。例如，之前讲到的计算满月与生育率关系的卡尔斯塔德市中心医院，斥巨资安装了两套照明系统，通过变换蓝灯和红灯营造白天和黑夜的情景：白天医院里以蓝光为主，到了傍晚，红光的比例增加；光照强度也随着一天中光线的变化而变化，从微弱的晨曦光慢慢变强，正午达到最强光，随后逐渐变弱。夜晚的灯光也依赖于活动状况，没有急诊时，不用的灯会自动熄灭。这套灯光改革系统大大改善了夜班医生和护士的工作条件，住院病人也表示睡眠质量提高了。现在，瑞典的许多医院都在采用卡尔斯塔德市中心医院的灯光模式，这是值得广泛推广的良方。

第四章

阴翳礼赞

1. 心灵的香波

书读到这里，肯定会有人问，一本关于黑暗的书为什么写这么多光的事情啊？的确，这也是我写作中不时问自己的问题。但在我为写作而阅读的大量资料文献中，黑暗总是通过缺少光明来描述的，正如声音是通过沉默变得生动的。这就是说，黑暗是在光明出现的瞬间即刻被消解的原始状态。

尽管我一直确信黑暗存在的价值，但关于黑暗的许多误解很难自洽，尤其黑暗也同光明一样，是通过身体感知被体验到的。黑暗悄然而至，它的严丝合缝，它的封闭窒息，让我们感到宁静，也带给我们恐惧。身处一间黑屋时，我们会说黑得伸手不见五指，一间用蜡烛点亮的房间，只是幽暗或半明半暗。虽然严格意义上说，光亮是可以被量化的，但黑暗却总是一种身体体验。我们会用“夜幕降临”“黑暗侵袭”“密不透风”来描述黑暗的暴力；在黑暗与光明交替之间，是混沌、朦胧的领地，是我们对生活的哲学思考。请听奥克·林奎斯特这首黑暗的赞歌：“黑暗不是光明的缺席，光明不过是被稀释的黑暗。关于光速之快我们听说过很多，但暗速之慢呢？黑暗轻柔而静谧地降临，宛如涂抹心灵的香波。”

黑暗作为一种现象，似乎比光明更难定义。在我们的感知世界里，黑暗与光明是彼此的对立面，所以，一本关于黑暗的书怎能不写光明呢？古代神话中充满了光明与黑暗的隐喻，北欧神话中的夜之女神同时是白昼、大地、太阳和月亮的母亲，瑞典诗人埃里克·约翰·斯塔格奈利乌斯（Erik Johan Stagnelius，1793—1823）的名句“黑夜是白昼之母”就出于此。在世界各地的创世传说中，世界源起于混沌，光明代表着生命的起源。太阳神出现的那一刻，大地母亲诞生了。《圣经·创世记》中这样写道：

> 起初，神创造天地。地是空虚混沌，渊面黑暗。神的灵运行在水面上。神说：“要有光。”就有了光。神看光是好的，就把光暗分开了。神称光为昼，称暗为夜。有晚上，有早晨，这是头一日。

上帝（神）不仅带来了光明，他也是世上所有光明和美好的象征。作为上帝居所的教堂钟楼顶上常常高高盘踞着一只公鸡，代表着黎明征服黑夜，光明降临大地。黑暗是上帝和光明的绝对对立面：魔鬼、死亡、无知、绝望。悲观主义的先知以赛亚预言没有上帝的生活“尽是艰难、黑暗和幽暗的痛苦。他们必被赶入乌黑的黑暗中去”。从宗教意义上说，信仰上帝就是人类跟随光明走出邪恶，抵抗诱惑。当时的教皇方济各在2020年4月对他的子民说：生活在罪孽中的人类就像夜间的蝙蝠，因习惯了黑暗而忘记光明的存在。基督教中光明与黑暗的象征意义，至今仍鲜活地存在于我们的生活中。

佛罗伦萨宏伟的劳伦齐阿纳图书馆里，一座米开朗琪罗创作的蝙蝠雕塑守卫在幽暗的楼梯口。建筑师故意没有在大厅安装照明，寓意进入图书馆的人只有在书本面前，才会获得光明的赏赐。反之，没受过教育的人就像夜行的蝙蝠，无法知晓光明和知识的存在。如今大厅里已经安装了灯，枉费了这个用心良苦的设计，但蝙蝠雕塑依然在原地。

佛罗伦萨的这座图书馆建于16世纪，是在教皇克莱芒七世（1478—1534）的监督下建造的。这位来自佛罗伦萨最具影响力的美第奇家族的教皇和他的家族一样，钟爱来自东方的物品。蝙蝠对中国人的寓意与西方人截然不同。在中国，由于“蝠”与“福”谐音，蝙蝠是幸福、财富和长寿的象征。在美第奇教堂外，米开朗琪罗雕刻的洛伦佐二世的雕像下面有一个小盒子，上面雕刻着一只单膝跪地的蝙蝠，据说灵感就来自中国神话。

在中国传统文化中，代表黑暗和光明的阴阳两极是同一实体中的两股均衡力量，阴中有阳，阳中有阴，呈现一种相互依存的、温和的对立关系。在北欧神话中，秋天被阴间的黑暗笼罩，是为了期待来年春天大地复苏，新生命诞生；如此年复一年，诸神的循环也不断重复。这种原始的节奏一直渗透在人类生活的方方面面，直到现代社会和科技发明的出现，光污染开始缓慢但坚定地筑起阻挡黑暗的围墙，干扰自然的睡眠模式。每个清晨的起床，每个春天的生命复苏，已不再具有魔力了。

2. 阴翳礼赞

日本作家谷崎润一郎（1886—1965）的《阴翳礼赞》创作于 20 世纪 30 年代，彼时，霓虹灯的时代已在世界大城市中揭幕，彩色广告牌开始装扮城市的外貌，照明技术首次大踏步地迈向未来。谷崎润一郎写此书的动机，在于他对西方文化对有着悠久文化历史传承的日本传统建筑和城市风貌越来越严重的冲击的担忧。尽管谷崎时代的大多数日本城市夜晚仍然相对黑暗，但他及早意识到了现代化的进程正在将城市建筑的细节和历史痕迹悄然抹去。

《阴翳礼赞》这本小书后来被视为经典，尤其在建筑学界有着神圣的地位。20 世纪 60 年代，谷崎润一郎曾被提名诺贝尔文学奖。在日本，谷崎的思想影响到了城市改造的实践，例如东京六本木之丘（六本木新城）的照明被重新设计，使用了更柔和、低矮和间距更大的路灯系统。我们知道，当眼睛适应了视野中的最亮光点，就会感觉周围的一切都在黑暗中。因此，一个社区只要有一盏超级亮的灯，视网膜的视锥细胞就会将眼睛的感光能力调整到相同的亮度水平，这样一来，感受弱光刺激的视杆细胞就不再发挥作用，我们的夜视力也随之消失，强光周围的环境便遁入黑暗。简单说来，强光会加深我们对黑暗的感知，一个简单的刺眼光源就能彻底欺骗我们的眼睛。

六本木之丘经过路灯改造后，使用了低亮度且多变化、光线柔和的路灯，彻底改变了城市的体验感。阴影让周遭显得更加友好、亲和，低饱和度的色彩焕发出活力，城市的轮廓反倒更清晰了。谷崎润一郎倡导的古老东方美学，强调微妙的细节和阴影的魅力，光线落在不同材料的物件上散发出来的几乎难以觉察的古朴质感，都是整体体验的重要部分。光明与黑暗相互映衬，相辅相成，制造出光与影合理的反差和平衡，用细微的差别将艺术、建筑和文学联系在一起。落在刺绣上的阴影突显了绣娘高超的工艺，金色帘幕垂落在昏暗中，与亮光下的体验截然不同。谷崎歌颂自然中的缺憾和稍纵即逝的美，这与西方美学普遍追求的明亮、清晰和完美形成鲜明的对比。书中一段对传统日本厕所的赞美引人入胜：

> [传统]日本厕所的设计本质上是为了给人以心灵平静。厕所的位置总是在与主建筑具有一段距离的树影中，四周透露着清新的树叶和苔藓的香气。……如厕之人，坐在半明半暗当中，在微弱的光线中沉浸于冥想，这真是一种无法形容的感觉……

尽管日本的精神依旧鲜活地在其传统的建筑和艺术中传承，但东京一定是世界上最以技术为导向的城市。迷失在这座世界级大都市中的人，很难想象到日本乡村的情景，而东京城里只有一个六本木，自然无法抵御无所不在的光污染。

在太平洋对岸安第斯山脉阴影下的荒凉沙漠，与东京地区宏大的城市景观形成绝对反差。位于智利的阿塔卡马沙漠被认为是地球上最黑暗的地方之一，自 2012 年起，这里成为探讨黑暗和光污染的世界大会的首选地，来自世界各地的天文学家、神经生物学家、动物学家和艺术家们会聚一堂，参加名为“零度夜”（Noche Zero）的研讨会和工作坊，共商应对日益严重的光污染的举措。阿塔卡马沙漠地处高海拔地区，这里的空气清爽干燥，是观星和天文研究的最佳地点。从这里的天文台仰望天空，无垠的宇宙空间尽收眼底。

在智利的星空下，眼睛的视紫红质在没有任何外来光线的干扰下构建起敏感的分子结构，人眼对星空的感受也因此变得最幽深、最彻底。在苍茫的夜空下，人是如此卑微，又是如此独特，离地球最近的星星似乎要坠落到地上，构成安第斯山脉的山峰身后的背景；距离地球最远的星星就像太平洋海面上闪烁的灯塔，指给我们时间开始的地方。我们感叹着如此壮丽的情景在地球的其他地方不可能存在，却似乎忘记了星星从来都没有离开过我们。星星在我们眼中消失，是因为我们用灯光在地球表面创造了一个混沌的穹庐，只有在地球上极其偏远的地区才能找到穿透这层屏障的视野。如今，人类肉眼能看到的星星少之又少，绝大多数星星的光芒都被地球上的人造光遮蔽，消失在人类活动的烟雾背后。星星从来没有离开过我们，只是我们视而不见。

3. 二极管

2014 年的诺贝尔物理学奖颁给了现代 LED 灯的发明者，从此，古老的钨丝电灯泡成为历史。LED 灯利用了电子总是追求平衡的原理，当能量输入时，电子在运动中脱离原子核，以光子形式释放的能量就是光。

LED 灯是一种可以不依赖电网，只需要简单的电池或太阳能电池即可发光的节能灯。LED 灯的颜色取决于制造二极管的材料，市场上最普遍的二极管是红色和绿色的，后来有了黄色。但物理学家赤崎勇、天野浩和中村修二成功地制造出可产生强烈白光的蓝色二极管，从而让夜晚有了白昼的亮度。这一发明让他们共同获得了 2014 年的诺贝尔物理学奖。[1]

LED 灯中的现代二极管，可以通过组合对光进行控制、

1　1989 年，天野浩在时任名古屋大学教授赤崎勇的研究室中攻读博士学位，两人共同发明了蓝色发光二极管。1993 年，中村修二在日本日亚化学工业株式会社工作期间，基于 GaN 开发了高亮度蓝色发光二极管，被誉为“蓝光之父”。

编程、调节，这是灯泡时代想都不敢想的。LED 灯的出现彻底改变了照明市场，照明设备的价格大幅下降，单位能耗也随之减少，就连灯光设计师的职业也随之走俏。如今，照明设计几乎是每个建筑事务所必备的业务。和所有新技术刚出现时的状况一样，大家首先关注的是 LED 灯的功率和数量，然而事实上，更多的灯泡和更强的亮度并不意味着更好的照明。比如，人的视线会被人行道上的强光灯吸引而集中在一个点，反倒无法看清强光周围隐于暗处的危险或周边的建筑。因此，以提高安全性为名增加照明，反倒会因光线过分刺眼而降低安全性。

人眼的构造非常奇妙，但眼睛的潜力在光亮中往往会被忽视。比如，当你在偏僻的省道上开车的时候，唯一可依赖的照明是被车灯照亮的道路旁边的反射标牌，而当车子开过一个亮着路灯的村镇时，司机的眼睛摄入路灯的光，就像在夜店里看到频闪的迪斯科球灯一样，那一刻，眼睛的夜视力骤减，路灯之外的世界变得漆黑一片。只有当你屏住呼吸，小心地开出这片区域，等到路灯的亮光逐渐消退，车灯再度照亮黑暗中道路旁的反射牌时，眼前的道路才会再次清晰起来。建筑师路德维希·密斯·凡·德·罗（Ludwig Mies Van der Rohe，1886—1969）是最早提出“少即是多”理念的人，这句话针对建筑的纯粹形式，也同样适应于灯光设计。设计均衡的灯光有助于眼睛在昏暗光线下聚焦。

如今，我们已经有知识和能力设计出适合眼睛的灯光，最大程度地保留夜晚的细节，让我们在城市环境中也能体验到夜晚的和谐。LED 灯的定向功能可以让我们按区域划定照明，减少不必要的光线外溢；改变 LED 灯光的颜色，也可以塑造模仿日光的自然光谱；改变 LED 灯光的强度，让阴影的魅力带来更接近自然的舒适体验。

但事实上，过去 10 年来城市里灯的数量和种类越来越多了，射灯、路灯、灯串、装饰灯、外墙照明……更便宜、更节能的 LED 灯取代了白炽灯，但节能的效益又被灯具数量的增加反超，可调亮度的二极管的优点没有被利用，反倒是越来越多的 LED 不分时间和场合，顽固地闪耀着刺眼的白光。

4. 黑暗作为旅游资源

生活在喧闹大都市的现代人，越来越向往去人烟稀少的地方寻找安宁，偏远辽阔的天际，人迹罕至的原始森林，越原生态越好，但最好还要足够舒适。全球各地都在组织体验黑暗的旅行：在英国、南欧国家、美国、斯堪的纳维亚半岛北部和安第斯山脉太平洋沿岸地区，近年以观星和夜空相关的“天文旅游业”发展迅猛。

位于玻利维亚的卡奇小屋就是这样一个体验黑暗的目的地。这里海拔 3 660 米，乘飞机去最近的城市拉巴斯市需要一小时。度假村位于世界上最大的乌尤尼盐沼，酒店被设计成一个个未来主义的球体，如同火星上的居住点，散布在白色的荒漠中。在一览无余的夜空下，游客就在地球上距离天穹最近的地方入睡。度假村的米其林星级餐厅以当地生长的仙人掌为原料做的美食，是为致敬印加原住民的造物神话。

1492 年，克里斯托弗·哥伦布启航西行，开始了欧洲人对拉丁美洲的殖民历史，西班牙人从西班牙的最高峰泰德峰上发射了一排礼炮为他送行。哥伦布在日记中写道："泰德火山爆发了。"这座地球上的第三大火山如今已经沉寂了100多年，火山区变成了世界遗产和国家公园。从山脚乘缆车上山的旅行就如同宇宙穿梭，地球上没有任何其他地方能如此近距离地体验银河的壮观。早在20世纪60年代，火山口旁就设置了天文台。随着灯光在附近加那利群岛酒店密集的海滩上蔓延开来，人们开始仰望头顶的黑暗去寻找真正的黑夜，如今，这里的天文旅游已经是一项10亿美元的产业了。

隆冬极夜的天空里如烟花般炫丽的北极光和星星，是北欧吸引游客的亮点。冰岛、挪威北方的特罗姆瑟，或瑞典北极小镇尤卡斯耶尔维的冰酒店，都带给游客不寻常的冬日体验。位于瑞典北极圈内拉普兰山区的阿比斯科是欧洲最古老的国家公园之一，来这里寻找北极光的冬季游客，在微弱的红光指引下进入国家公园，乘坐缆车参观极光天象站，北极的夜晚在这里似乎永远不会结束。

城市也加入了逃离人造光的行列。在瑞典南部的海滨城市赫尔辛堡，为了创造不受灯光干扰的夜景，市政工程部门重新设计了沿海长廊的灯光，使西向海边的景色不受散杂光线的影响；该市还将保护黑暗写进市政总体规划纲领中。

丹麦西兰岛东南方的门岛以壮观的白垩山崖闻名，140米高的白色悬崖垂直落入厄勒海峡碧绿的海水中，情景非常壮观。门岛吸引着许多寻找黑暗的旅游者，因为除了白垩山崖，这里还有晴朗的夜晚天空，从岛上悬崖可以观望到5 000多颗星星，在波特尔暗空分类法中属于名列前茅的“大美天象”。与之相比，仅一个多小时车程外的哥本哈根的夜空可见星星都不过百。门岛东部及邻近的小岛尼奥德岛的部分地区因此设立了特别保护区，这是斯堪的纳维亚半岛的首个暗夜公园，自2017年起致力于暗夜景观的保护。拥有两个岛屿管辖权的沃尔丁堡自治市被指定为“暗夜社区”，市政府做出保护黑夜的承诺，严格、科学地规划当地的照明设备。

门岛在历史上本来有可能是属于瑞典的领土。1658年，瑞典国王卡尔十世·古斯塔夫用兵如神，借力天气，出其不意地跨越丹麦海峡，逼迫丹麦国王割地求和。据说在双方谈判时，丹麦代表故意把啤酒杯放在地图上门岛的位置，居然蒙混过关，为丹麦留住了门岛。几百年前的一个动作，造就了今天的黑暗旅游业，至少在保护黑夜方面，丹麦有很多举措值得瑞典学习。欧盟国家中，保护黑夜做得最好的当数法国。2019年，法国立法规定了可向大气层散发的光的总量，并在2021年全面实施。该法律对街道照明的遮挡和路灯的强度、色温都做了详细规定，目前，这一法律落实的情况和效果尚待观察。但确实有更多的国家对灯光动手了，比如奥地利首都维也纳开始在晚上11点后熄灭公共建筑射灯，荷兰的格罗宁根对工业和农业的光照做了法律规定。目前，关于光污染，西方国家显然已经达成共识，还需要世界其他地区的跟进。

前面提到的“暗夜社区”已成为一个国际运动的一部分。国际暗夜协会每年都认证暗夜公园、特别保护区和市政府。只有拥有非凡夜空的地方才能参与评选。入选城市不仅需要满足对夜空的高要求，还要满足地理位置方便，游客、天文爱好者和研究人员容易抵达等条件，从而使暗夜社区成为一个城市里像中世纪教堂一样的地标。目前，获得暗夜社区和暗夜公园认可的地方，全球只有 40 多个，其中只有 5 个在欧洲，门岛就是难得的其中之一。

慕名来门岛体验黑暗的游客，可以选择岛上的暗夜公园设计的不同旅游路线。一个阴天的夜晚，体验本身就是在黑暗中开始的。你的眼睛需要慢慢适应，等待周围环境的轮廓开始在你的眼前显现。景点的导游会向你解释在黑暗中获得安全感的最佳方式，如何激活感官系统中未经训练的部分有效掌握视觉感官的能力，比如晴天时，目光要集中在星星上。冬天的门岛，夜空中的璀璨银河几乎照亮天空，那些来自古老时间的星星穿越而来，如一场场灿烂的烟花表演在游客眼前绽放。面对照明技术的突飞猛进，暗夜公园似乎在告诉我们，只要你愿意，夜空是可以被保护下来的，哪怕只是一部分。英国的暗夜公园还特意在万圣节或是冬春交替的时候，举办黑暗主题的嘉年华，很受欢迎，这些都是保护黑夜的希望。

2001 年，位于美国亚利桑那州的弗拉格斯塔夫市当选为世界上第一个暗夜社区。弗拉格斯塔夫市早在 1958 年就出台了世界上第一部照明法规，全面禁止使用广告射灯。天文学家们最积极地推进这项举措，但弗拉格斯塔夫市的野心是在城市环境中保护夜空。和法国最近出台的光污染法一样，他们建立了一个用三种不同标准限制夜晚灯光的模式：第一，明确规定所有公共灯源的方向只能自上而下，且周边必须有遮挡，禁止使用水平面（horisontalplan tillåts）以上的射灯；第二，规定了单位面积的光照量限度；第三，全面禁用蓝光灯，用黄光和红光的暖色灯取代。弗拉格斯塔夫市为全世界做出了榜样，法国、门岛等地的实践也激励我们为保护黑夜做出贡献，否则，我们的下一代可能就见不到真正的黑夜了。

5. 王家黑暗

动物园岛是位于瑞典首都斯德哥尔摩东部的一片森林区域，自 13 世纪末期开始，这里就是瑞典王室打猎骑射的王家狩猎场。到 18 世纪末国王古斯塔夫三世执政期间，动物园岛已经发展成为王室进行各种娱乐休闲活动的中心；1820 年，围绕岛上的玫瑰谷建起一排气势宏伟的宫殿；1897 年，斯德哥尔摩举办世界博览会，主会场就设在动物园岛，岛上的宫殿和新建的博物馆、公园、植物园吸引了大量游客。1995 年，沿着动物园岛向北和向东的大片地区被划定为国家公园。一个位于城市中心的国家公园，将历史、人文和自然风景连为一体，这在世界上还是第一例。如今，芬兰在这方面的成就超过瑞典了，全芬兰有超过 10 座这种类型的城市国家公园。

动物园岛上有一片名为“小约翰”的小树林，据说，“小约翰”是 17 世纪末王家狩猎场的一位管理员。虽说他领着皇粮，但也并不富裕，为了贴补家用，小约翰就在自家住的王家狩猎场的护林人小屋里，腾出地方开了家小酒馆。招牌一挂出去，生意好得不得了，于是“小约翰的树林”成了斯德哥尔摩的一道风景，还出现在瑞典大作家如斯特林堡和林格伦的作品里。不过，直到2009年，这片树林才被正式命名为“小约翰的树林”。今天，动物园岛早已不是王家专属，而是所有人都可以自由进出的、城市内的国家公园。岛上人来车往也不乏繁忙景象，但是，小约翰树林附近的自然环境依旧相对野生，在动物园岛上生活的8种蝙蝠中的7种都可以在这里见到。

我有幸连续两年参加了动物园岛的蝙蝠清点工作，包括对现有蝙蝠种类的调查清点，制订保护措施，和对当地照明措施进行重新评估，制订满足动物和人类需求的照明方案。无论人类还是动物，对光明和黑暗的需求都是并存的，我们希望以蝙蝠为先例，使用现代技术驱动的生态照明，起到保护自然黑夜的作用。或许，我们也正在考虑建立门岛和尼奥德岛上那样的暗夜公园。

我的工作让我有幸住进了位于动物园岛上的斯堪森露天博物馆[1]和动物园中的小木屋。入夜，当我在外寻找、聆听蝙蝠叫声的时候，我才意识到黑夜中醒着的不只有我。当我经过

---

1 斯堪森露天博物馆位于斯德哥尔摩市中心的王家动物园岛上。1891年，民俗学家阿图尔·哈兹里乌斯深感瑞典工业化进程的迅猛发展正在抹去农业文化的传统，在他的努力下，来自瑞典各地的150余座历史建筑被重新复原在馆内，还原了18—20世纪瑞典的传统生活场景，同时还展出生活在自然状态的北欧动物。作为北欧文化保护的先驱和世界首座露天博物馆，斯堪森博物馆生动再现了瑞典历史文化记忆，是世界各地民俗博物馆效仿的典范。

动物园里动物的围栏，我可以看到狼群骄傲的身影在我眼前散开，山鹑会把头慢慢地转向我。海风吹来，斯堪森变成了蝙蝠的乐园，它们沿着园中道路悄无声息地飞过。海豹好奇地从水中探出头，观察着捕食蜻蜓的水蝙蝠和更多飞翔在斯堪森露天博物馆的古老建筑之间的蝙蝠。但我没有看到雌蝙蝠，毕竟，斯堪森的位置几乎就是城市中心，蝙蝠不可能在万家灯火的城市中心形成群落。我还注意到，雄性棕色长耳蝙蝠要留在动物园过冬了，希望它运气好，能找到自己的同伴。

斯堪森露天博物馆在黄昏闭馆后，园子里的路灯保留着光线相对较暗的老式光源，有几条小路几乎完全沉浸在黑暗中。能在这里研究蝙蝠真是很幸运的，至少它告诉我们野生动物依旧能够在城市里繁衍生息。希望这片王家领地能保留住这片难得的阴翳之美。

6. 黑暗中的交谈

恐黑可能是人类与生俱来的天性，我们受限的夜视力会让我们对隐在黑暗中无法辨认的一切产生恐惧。怕黑的孩子常说：“听到有人说话了，天就快亮了。”身处黑暗时，人们最大的渴望一定是陪伴，所以很多人喜欢开着灯睡觉。对黑暗的恐惧甚至包括盲人，尽管从理论上讲，盲人本该比正常人更适应黑暗，但如果他们了解到关灯或是天黑的信息，也会在黑暗中滋生被冷落的感觉。

没有灯，黑暗让人感到不安全，但用错了灯也一样有问题。比如，一盏刺眼的强灯会熄灭视网膜对周遭环境的辨识力，让光线外的一切都陷入黑暗。同样，强光源的路灯能照亮我们的脚下，却让四周一片漆黑。因此，灯光设计师在意的不仅是光亮，更要关心阴影、色温、色差等因素。《阴翳礼赞》宣扬的日式审美，就是一种安全与黑暗共存的体验。

有一年，我在哥特兰岛的教堂墓地采集蝙蝠的叫声。这些敏捷的动物在有着上千年历史的教堂塔楼盘旋，借助超声波探测器，我可以在黑暗中跟踪蝙蝠的活动路线。岛上一些教堂有晚祷服务，吸引那些愿意在夜晚的教堂祈祷和沉思的人前来。晚祷的拉丁语 *vesper* 是傍晚的意思，意为日落后的祷告，这与蝙蝠科（*Vespertilionidae*）的拉丁语学名同源。作为蝙蝠研究者，夜晚的教堂是我经常光顾的地方。虽然我不是信徒，但独自置身于中世纪的教堂里，四周是被蜡烛照亮的中世纪壁画，轻灵飘逸的宗教音乐传入耳中，全身心都是幸福的。

前段时间，我报名参加了一个生活艺术装置，这是一种世俗的晚祷，聚焦不受干扰的谈话。艺术作品《交谈》（*SAMTAL*）旨在探索当我们看不到交谈对象时会发生什么。可以说，这是一个由参与者自己创作内容的行为艺术作品。作品的出发点部分来自社会学的视角，即参与对话和倾听的主体，既不是身体，也不是目光，而是一个摆脱了基于外表的偏见的自我。发自内心的诉说会让再清晰的视觉表达都变得不那么重要了。

我先被蒙上眼睛，带进一个房间，在一张摆满食物的桌子旁坐下。很快，我意识到屋子里至少有十来个人，或许更多。我能闻到食物的香味，感觉面前摆上了餐具和食物，但我什么也看不见。组织者先带领大家开吃，鼓励我们相互帮助，比如给对方斟饮料；之后，她引导大家在黑暗中交谈，所有人都不能透露自己的名字和职业，而是在无任何预设的条件下展开对话。起先，现场的气氛有点试探性，有人起了话头，但很快没了下文；有一位说她不知道给谁倒了酒，有人接话，谈话就这样开始了。有时所有人围绕着一个话题聊，有时是几个离得近的人在私聊。主持人偶尔给大家提问，但大多时候她都保持安静，我不知道她是否能看见我们，或者她也是黑暗的一部分。我没法判断现场到底有多少人，因为主持人没有要求所有参与者都必须说话，也许有人就只是旁听。

然后，我们开始猜测房间的样子。起初，大家的想象都只局限在一间普通的会议室，但渐渐地，想象力将我们带入星空和深海，慢慢地扩展、延伸。因为没有视觉线索，没有人能打断对方的话语，所有人都在聆听。我们的声音变得越来越低，几乎像耳语，但却听得很清晰，就连彼此独一无二的呼吸声和椅子的扭动声都让我们觉得很动听。

也许我们已经忘记了如何在黑暗中安静、缓慢地交谈，在今天的社会中，安静和缓慢或许都是奢侈品。心理学家和咨询师的诊所为什么都是窗明几净的？有没有想过，对于那些精神处在重压下的人，黑暗会是更好的疗愈方式呢？一些心理学家也表示，在黑暗中交流容易进入实质，患者不会因被光线聚焦而感到不自在，在没有外人审视的时候，患者会更容易敞开心扉。

参加这次黑暗中的对话活动让我受益匪浅，在不受外界干扰，没有琐事和义务提醒的情况下，安静地诉说和倾听，感受与他人在一起的时光，是如此治愈。在电灯发明之前的农业社会，我们就是这样生活的，日出而作，日落而归，人们在傍晚和黎明时分，谈论或聆听过去一天的见闻和故事。捷克作家弗朗茨·卡夫卡（1883—1924）有一本著名的书信集，名为《黑暗中更好地聆听彼此》（*Man hör varandra bättre i mörker*），就是他对黑暗中的交流最好的肯定。也许黑暗能让对话更加精彩。至少对我来说，在参加《交谈》的过程中，不被人看到是一件很有吸引力的事情。我可以随便地坐着，只在想说话的时候说话，但仍然能感受到与其他人在一起的共鸣。

在自然光主导生活节奏的农业社会，深夜交谈属于正常社交的一部分。那时候的人们天黑即入眠，睡到半夜常常会醒来一次，不少孩子就是在午夜的寂静时刻出生的。我们从一些过去的日记和文献资料可以读到，人们半夜起来抽只烟斗，做点儿简单的手艺活儿，或是倒上一杯啤酒，在黑暗中说说话，然后再各自回去睡觉。现代的睡眠实验让志愿者跟着日光变化作息，他们很快也开启了这种独特的分段睡眠模式。看来，这是一种有益健康的休息方式。

在斯德哥尔摩有一家名为“黑暗俱乐部”的餐厅，主打黑暗设计。在全黑的用餐环境中，陌生人被安排坐在一起，陌生的声音交汇在一起，就连伸手拿酒杯的动作都需要深思熟虑。用餐中不允许用手机，所有人都全神贯注。有时，身为音乐家的餐厅老板会拿起吉他弹奏一曲，但你看不见音乐家，只能在黑暗中清晰地聆听他的每一句歌词，感受一种超越日常的和谐氛围。据说，“黑暗俱乐部”深受许多多动症患者的喜爱，在没有别人注视的情况下，他们会感到放松。黑暗改变了人们对时间的感知，就连时钟似乎也慢了下来，房间与人融为一体，边界感消失了。住在缺少阳光的北方的人，总是在谈论漫长冬夜需要的日光疗愈，却没有想到，其实黑暗也是一种疗法。

“黑暗俱乐部”还开了一档“黑暗播客”，录音全程在黑暗中进行。主播在黑暗中不自觉地放低声音、放慢语速，对谈嘉宾也感觉更放松，谈话的内容变得更深沉、更私密、更平静。听众虽然看不到在黑暗中录播的主人，但耳朵可以享受到这份安静。

7. 隧道视觉

光污染对生物最大的影响在于它改变了生物自带的生物钟的节奏，如果一天中 24 小时都是明亮的，地球上所有生物的昼夜节律都会被改变，尤其对夜行性动物的影响更大。今天，面对地球升温的威胁，要清除污染环境的塑料和毒素，阻止入侵物种的传播，道路是极其艰巨和困难的。相比来说，改变光污染的影响，从技术层面上看一定是最容易解决的环境问题。只要把不必要的灯关上这样一个动作，效果就立竿见影。我们可以从自己做起，比如随手关灯，给花园照明安装定时器，把大门灯改作感应灯，使用光源向下的暗光照明，外加遮蔽限制光源散射，可以大规模减少城市的整体光亮，减少射入大气层的人造光。当然，与光对立的是暗，充足的光线给人们带来安全感，很少有人愿意回到前工业化时代的黑暗世界。因此，在人类福祉、社会安全感、职业规划、生活方式和整个社会环境的认识等问题中如何找到平衡点，这是我们需要重新谈判的起点。灯光代表着财富和进步，越是在大城市和发达国家，灯光就越是耀眼。就像19世纪末我的曾祖父约翰·埃克洛夫在纺织厂安装电灯，就像瑞典国王用上千只灯笼举行庆典一样，灯光是成功的象征。当现代化城市的夜晚充溢着灯光装饰时，我们何故为难非洲农民安装照明灯泡的诉求呢？

很多光污染问题可能是廉价LED灯惹的祸，但不可否认，LED灯也是黑夜的救星，像东京六本木新城的照明改革全是依仗LED技术。LED灯的色差跨度大，灯光强度可控，我们何不利用这些长处，将灯光的韵律与自然光线的变化同步，让每一盏灯在最合适的地方用最恰当的方式照亮人间。

全球许多国家都开始行动起来，选择正确、合理的照明灯具。比如，捷克和斯洛文尼亚在2002年开启了促进黑暗工程，意大利、西班牙、克罗地亚、荷兰等国也纷纷行动，制定反对过度照明和保护黑暗的政策和法律。出手最强硬的法国，2021年开始执行关于控制灯光使用的新法律。光污染已经同噪声和空气污染一起，（被认为）是一个环境问题了。

然而，时间越来越紧迫了，许多夜行性动物濒临灭绝，与它们一起消失的还将包括它们带给人类的福祉，比如夜蛾授粉、蝙蝠杀虫等。与此同时，人类的睡眠状况每况愈下，黑夜消失令植物也过早地衰败。不可否认，黑夜又是创造性大脑的灵感源泉，诗人、哲学家、作家和艺术家徜徉在黑暗中，想象力在黑夜显得格外灵光。剧院的小剧场叫“黑盒子”，演员在这样小巧灵活的舞台空间演出，可以非常专注不受外界干扰。在夏日傍晚的篝火旁，或秋日早到的黑暗中点一支蜡烛，又是另一种更为隐秘的黑盒子。12 月，该是点燃等待圣诞节降临的烛台的时候了，温馨的烛光不是为了照明，而是为了营造气氛，黑暗中柔和的光线让我们感到放松，对话也亲近起来。

写到本书最后一章的时候，正值“地球一小时”（Earth Hour）的活动进行当中，我借着烛光在纸上写下了本书的最后一段。“地球一小时”是世界自然基金会（WWF）为应对全球气候变化而提出的一项全球性节能活动，倡议于每年 3 月最后一个星期六的当地时间 20:30，家庭及商家关上不必要的电灯及耗电产品一小时，以此表明对于应对气候变化行动的支持。在柏林的城市公园里，“地球一小时”的影响肉眼可见。在关灯的一小时里，城市的光污染明显减少了。我们家已经把“地球一小时”作为一个家庭传统，全家围坐在摆着新鲜出炉的甜面包的桌边，借着烛光下棋、打牌、聊天。为什么一年只有一小时？黑暗中有许多未知，当我们的眼睛慢慢适应了夜视，熄灭路灯后，天空露出星星，我们的对话也变得如夜色般越发迷人。

黑夜本该是我们的朋友，我们歇息于其间，享受它的静谧和微妙之美，享受黑夜带给我们的灵感，向往遥远的银河和璀璨的星光。黑暗中有我们尚未认知的生命。让我们重拾黑夜，把握黑夜。

Carpe noctem. 把握黑夜。

黑夜宣言

1. 请保护黑夜。昼夜的古老自然节律是万物生长的前提，但如今黑夜之黑却要被消除。让我们为黑夜发声。

2. 请珍惜黑夜。世界充满人造光，但不要忘记黑夜其实并不远在天边。去旅行，去散步，关掉手机，去寻找属于你的黑夜。

3. 请保护你身边的黑夜。室内随手关灯，户外慎用照明，把黑夜还给花园，去发现阴翳之美。

4. 请跟随你的生物钟。打造黑暗的入睡环境，夜幕降临后尽量避开使用蓝光，等待清晨让阳光重启新的一天。

5. 去探索黑夜中的生命。离开城市耀眼的灯光，让眼睛适应黑暗。看小动物闪亮的眼睛和黑暗中的身影从藏身之处露出；去感受植物的不同气味，聆听新的声音降临。

6. 去寻找黑夜。体验黄昏的不同阶段，看日转星移；如果可能，一生一定要经历一次北极的暗夜和神秘的北极光！

7. 去认识黑夜。学习黑暗对动植物的重要性，从没有

LED 屏幕的文学和艺术中汲取灵感。

8. 去谈论黑夜。向你的朋友们宣讲黑夜的知识，让更多人了解过度照明给世界带来的问题。

9. 去做黑夜的大使。发挥你的公民意识，向市政部门提议优良的照明方案，带领你的邻居一起参与“地球一小时”活动。

10. 去把握黑夜。做黑夜的朋友，享受黑夜，黑夜将会让你的生活更加丰富。

致谢

有人说过，写作不是一种职业，而是一种自虐行为。好在写作并不像传说中的那样孤独，一路走来，许多人教我知识，给我建议，为我解疑，帮我走过黑暗的长廊。

本书的写作包含了我向许多人的求教，听取他们的意见，与他们讨论。有人和我相约在咖啡厅见面，有的只是通过电话、视频和邮件。很多谈话构成了这本书中的重要部分，大家对黑暗的认识和看法启发了伴随着我工作的那些思考；所有为本书做出贡献的人，我谨向他们表示衷心的感谢。他们是：

文化学者 Andreas Nordin，记者 Anna Bergholtz，演员 Anette Nääs，蝴蝶研究者 Brett Seymoure，生物学家 Calle Bergil，医生、记者兼自然旅行导游 Cecilia Wide，犯罪学家 Charlotta Thodelius，博物教育家 Freja Holmberg，睡眠研究者 Frida Rångtell，艺术批评家 Frida Sandström，世界文化博物馆馆长 Helen Arfvidsson，植物生理学家 Henrik Aronsson，考古学家 Jarl Nordbladh，动物生理学家 Jenny

Lindström，灯光设计师 Kajsa Sperling，王家园林保护局局长 Katja Lindblom，哥德堡自然历史博物馆馆长 Magnus Gelang，文化地理学家 Mattias Sandberg，社会学家 Micael Björk，水资源保护官员 Mikael Cremle，考古学家 Serena Sabatini，哲学家 Susanna Radovic，技术哲学家 Taylor Stone，心理学家 Åsa Gunnarsdotter。

非常感谢出版商 Lena Forssén 和编辑 Nils Sundberg 不厌其烦地删除、修改和润色文字，感谢校对资料的人们：天文学家 Claes Bernes，植物学家 Emil V. Nilsson，海洋生物学家 Kennet Lundin，以及生物学家、医生 Jenny Eklöf，她是我的妻子，而不是我的曾祖母。最后，我要特别感谢动物学家、自然摄影师 Jens Rydell，我和他持续 20 多年关于蝙蝠与黑暗的讨论，成就了今天这本书。

延伸阅读

Biodiverse.se/2020. Tema: Ljusföroreningar. 25:3.

Bogard, P. 2013. *The end of night. Searching for natural darkness in an age of artificial light.* Fourth Estate, London.

Broberg, G. 2016. *Nattens historia. Nordiskt mörker och ljus under tusen år*. Natur & Kultur.

Dark Sky Association: www.darksky.org.

Drake, N. 2019. Our nights are getting brighter, and Earth is paying the price. *National Geographic,* 3 april.

Eklöf, J. & Rydell, J. 2018. Det dödliga ljuset. *Forskning & Framsteg,* 27 september.

Flash Forward, podcast. 2020. *Goodnight night,* 28 mars.

Francis-Baker, T. 2019. *Dark Skies. A Journey into the Wild Night.* Bloomsbury Wildlife.

Heintzenberg, F. 2013. *Nordiska Nätter: djurliv mellan skymning och gryning*. Bio & Fokus Förlag.

Irenius, L. 2019. Gläds åt mörkret – det är hotat. *Svenska*

Dagbladet, 19 november.

Konstform, podcast. Avsnitt 14, Mörker.

Liljemalm, A. 2016. Utrotningshotat nattmörker. *Forskning & Framsteg,* 15 mars.

Professor Magenta, podcast. Avsnitt 7–9, Mörkertrilogin.

Rich, C. & Longcore, T. 2006. *Ecological Consequences of Artificial Night Lighting.* Island Press.

Sandberg, S. 2019. *Mørke – stjerner, redsel og fem netter på Finse.* Samlaget.

Sveriges Radio P1. 2015. Vem äger mörkret? *Vetenskapsradion Klotet,* 19 augusti.

Sveriges Radio P1. 2017. Så påverkas naturen av allt mer ljus. *Naturmorgon,* 30 december.

Tanizaki, J. 1998. *Till skuggornas lov,* nyutgåva. ellerströms förlag.

参考文献

ALAN – International Conference on Artificial Light at Night. 2014—2018. *Abstract Booklets.*

Albion, W. & Hanson, H. E. 1918. The Destruction of Birds at the Lighthouses on the Coast of California. *The Condor 20:1*.

Anderson, G. m fl. 2015. Circadian Control Sheds Light on Fungal Bioluminescence. *Current Biology 25*.

Andersson, S. m fl. 1998. Light, predation and the lekking behaviour of the ghost swift *Hepialus humuli (L.)* (Lepidoptera, Hepialidae). *Proceedings the Royal Society of London B 265.*

Angier, N. 1995. Modern Life Suppresses an Ancient Body Rhythm. *New York Times*, mars.

Barnes, E. J. 1998. *The early career of George John Romanes, 1867—1878.* Undergraduate thesis, Newnham College, Cambridge.

BBC. 2016. *Planet Earth II*.

BBC. 2017. The making of Charles Messier's famous astronomy

catalogue. *Sky at Night Magazine*, augusti.

BBC. 2013. The secret life of the cat. Two Horizon.

Bennie, J. m fl. 2015. Cascading effects of artificial light at night: resource-mediated control of herbivores in a grassland ecosystem. *Philosophical Transactions of the Royal Society B 370:1667*.

Bennie, J. m fl. 2016. Ecological effects of artificial light at night on wild plants. *Journal of Ecology 104*.

Bentley, M.G. m fl. 1999. Sexual Satellites, Moonlight and the Nuptial Dances of Worms: the Influence of the Moon on the Reproduction of Marine Animals. *Earth, Moon, and Planets 85*.

Bettini, A. 2017. *A Course in Classical Physics 4 – Waves and Light*. Springer International Publishing.

Bibeln, 1917 års svenska översättning.

Bird, S. & Parker, J. 2014. Low levels of light pollution may block the ability of male glow-worms (*Lampyris noctiluca L.*) to locate females. *Journal of Insect Conservation 18:4*.

Björn, L.O. 2015. *Photobiology. The Science of Light and Life*. Springer Science.

Bogard, P. 2013. *The end of night. Searching for natural darkness in an age of artificial light*. Fourth Estate, London.

Bortle, J. 2001. Introducing the Bortle Dark-Sky Scale. *Sky & Telescope*, februari.

Broberg, G. 2016. *Nattens historia. Nordiskt mörker och ljus under tusen år*. Natur & Kultur.

Brouwers, L. 2012. Animal vision evolved 700 million years ago. *Scientific American*, november.

Brüning, A. m fl. 2018. Influence of artificially induced light pollution on the hormone system of two common fish species, perch and roach, in a rural habitat. *Conservation Physiology 6:1*.

Campion, N. & Impey, C. 2018. *Imagining other worlds: Explorations in Astronomy and Culture.* Sophia Centre Press.

Carrington, D. 2019. Plummeting insect numbers "threaten collapse of nature". *The Guardian*, 10 februari.

Carson, R. 1963. *Tyst vår.* Prisma.

Castellani, C. m fl. 2012. Exceptionally well-preserved isolated eyes from Cambrian "Orsten" fossil assemblages of Sweden. *Palaeontology 55:3*. Chepesiuk, R. 2009. Missing the Dark – Health Effects of Light Pollution. *Environmental Health Perspectives 117:1*.

Ciach, M. & Fröhlich, A. 2019. Ungulates in the city: light pollution and open habitats predict the probability of roe deer occurring in an urban environment. *Urban Ecosystems 22*.

Cuff, M. 2020. Lights out? Habitat loss and light pollution pose grave threat to UK glow worms. *The iNewsletter*, 4 februari.

Dagens Nyheter. 2017. Ovanligt mörker över Stockholm oroade många, 17 oktober.

Danielsson, U. 2015. *Mörkret vid tidens ände. En bok om universums mörka sida.* Fri Tanke förlag.

Dark Sky Association: www.darksky.org.

Darwin, C. 1872. *The expression of the emotions in man and animals.* Fontana Press.

Dauchy, Robert R.T. m fl. 2014. Circadian and Melatonin Disruption by Exposure to Light at Night Drives Intrinsic Resistance to Tamoxifen Therapy in Breast Cancer. *Cancer Research 74:15.*

Depledge, M. m fl. 2010. Light pollution in the sea. *Marine Pollution Bulletin 60.*

Desouhant, E. m fl. 2018. Mechanistic, ecological, and evolutionary consequences of artificial light at night for insects: Review and prospective. *Entomologia Experimentalis et Applicata 167.*

Di Domenico, A. 2019. European Union Adopts New Guidance to Reduce Light Pollution. *Environmental protection*, 6 december.

Dimovski, A. M. & Robert, K. A. 2018. Artificial light pollution: Shifting spectral wavelengths to mitigate physiological and health consequences in a nocturnal marsupial mammal. *Journal of Experimental Zoology Part A: Ecological and Integrative Physiology 329:8–9.*

Doctor, R. M. m fl. 2008. *The Encyclopedia of Phobias, Fears, and Anxieties.* Facts on File Inc.

Dokken, P. 2019. Varför är mörkret viktigt, Kajsa Sperling? *Göteborgs-Posten*, 23 mars.

Dominoni, D. M. m fl. 2013. Clocks for the city: Circadian differences between forest and city songbirds. *Proceedings the Royal Society of London B 280.*

Drake, N. 2019. Our nights are getting brighter, and Earth is paying the price. *National Geographic*, 3 april.

Duarte, C. m fl. 2019. Artificial light pollution at night (ALAN) disrupts the distribution and circadian rhythm of a sandy beach isopod. *Environmental Pollution 248.*

Edqvist, B. & Eklöf, J. 2018. *Fladdermusen – i en mytisk värld.* Bokpro. Ekirch, A.R. 2005. *At Day's Close: Night in Times Past.* W. W. Norton & Co. 2515.

Eklöf, J. 2008. *Djurens evolution.* Caracal Publishing.

Eklöf, J. & Rydell, J. 2015. *Fladdermöss – i en värld av ekon.* Hirschfeld förlag.

Eklöf, J. & Rydell, J. 2018. Det dödliga ljuset. *Forskning & Framsteg*, 27 september.

Eliasson, C. 2020. *Växter reagerar på ljus inom bråkdelen av en sekund.* Pressrelease, Göteborgs universitet, 31 mars.

Elgert, C. m fl. 2020. Reproduction under light pollution: maladaptive response to spatial variation in artificial light in a glow-worm. *Proceedings the Royal Society of London B 287.*

Emlen, S. T. 1975. The Stellar-Orientation System of a Migratory Bird. *Scientific American 233:2.*

Englund, P. 1991. *Förflutenhetens landskap.* Atlantis.

Entomologischer Verein Krefeld: www.entomologica.org.

European Festival of the Night: www.nightfestival.se.

Falchi, F. m fl. 2016. The new world atlas of artificial night sky brightness. *Science Advances*, 10 juni.

Falchi, F. m fl. 2019. Light pollution in USA and Europe: The good, the bad and the ugly. *Journal of Environmental Management 248.*

Farnworth, B. m fl. 2018. Photons and foraging: Artificial light at night generates avoidance behaviour in male, but not female, New Zealand weta. *Environmental Pollution 236.*

Farrington, D. P. & Welsh, B. C. 2007. *Förbättrad utomhusbelysning och brottsprevention. En systematisk forskningsgenomgång.* Brå. Rapport 2007:28.

Fimmerstad, L. (u.å). *Elljuset tränger undan gaslyktorna i Stockholm.* stockholmshistoria.com.

Firebaugh, A. & Haynes, K. J. 2019. Light pollution may create demographic traps for nocturnal insects. *Basic and Applied Ecology 34.*

Flash Forward, podcast. 2020. *Goodnight night*, 28 mars.

Fobert, E. K. m fl. 2019. Artificial light at night causes reproductive failure in clownfish. *Biology Letters 15:7.*

Folkminnesuppteckning, Broby, Lund 1874. DAL 1874:32.

Foster, J. J. m fl. 2019. Orienting to polarized light at night – matching lunar skylight to performance in a nocturnal beetle.

Journal of Experimental Biology 222.

Fox, D. 2016. What sparked the Cambrian explosion? *Nature 530:18.*

Francis-Baker, T. 2019. *Dark Skies. A Journey into the Wild Night.* Bloomsbury Wildlife.

Fredelius, A. 2016. Rätt ljus ger piggare läkare. *Ny Teknik*, 20 jun.

Gallaway, T. m fl. 2010. The economics of global light pollution. *Ecological Economics 69:3.*

Garcia-Saenz, A. m fl. 2018. Evaluating the Association between Artificial Light-at-Night Exposure and Breast and Prostate Cancer Risk in Spain (MCC-Spain Study). *Environmental Health Perspectives 126:4.*

Gardner, J. 2018. Fladdermöss hjälper ekologisk vinodling. *Vinjournalen*, 27 augusti.

Garnert, J. 2012. August Strindbergs ljus. *Ljuskultur,* nr 4.

Garnert, J. 2016. *Ut ur mörkret. Ljusets och belysningens kulturhistoria.* Historiska media.

Gaston, K. J. 2012. Reducing the ecological consequences of night-time light pollution: options and developments. *Journal of Applied Ecology 49.*

Gaukel Andrews C. 2018. The Largest Migration on Earth Is Vertical. *NatHab.com.*

Gauthreaux, S. & Belser, C. G. 2006. Effects of artificial night lighting on migrating birds. In: Rich, C. & Longcore, T. *Ecological Consequences of Artificial Night Lighting.* Island Press.

Geffen, K. m fl. 2015. Artificial night lighting disrupts sex pheromone in a noctuid moth. *Ecological Entomology 40.*

Gibbens, S. 2018. See "underwater snowstorm" of coral reproducing. *National Geographic*, 8 januari.

Gibbens, S. 2020. As the Arctic warms, light pollution may pose a new threat to marine life. *National Geographic*, 5 mars.

Griffith Observatory: www.griffithobservatory.org.

Grenis, K. & Murphy, S. M. 2018. Direct and indirect effects of light pollution on the performance of an herbivorous insect. *Insect Science 26:4.*

Grønne, J. 2019. Tusentals meteorer målar himlen. *Illustrerad Vetenskap*, 12 augusti.

Guilford, T. 2019. Light pollution causes object collisions during local nocturnal manoeuvring flight by adult Manx Shearwaters *Puffinus puffinus*. *Seabird 31.*

Gustafsson, B. (u.å.). Fjärilar insamlade i ljusfälla på Naturhistoriska riksmuseets tak. Manuskript, *Hagabladet*.

Hadenius, P. 2019. *Paus: Konsten att göra något annat.* Natur & Kultur.

Hadhazy, A. 2010. Fact or Fiction: The Days (and Nights) Are Getting Longer. *Scientific American*, 14 juni.

Haim, A. & Zubidat, A. E. 2015. Artificial light at night: melatonin as a mediator between the environment and epigenome. *Philosophical Transactions of the Royal Society of London. Series B, Biological Sciences 370:1667.*

Hallemar, D. 2017. *Disciplinerande ljus och förlåtande mörker.* OBS, Sveriges Radio P1, 20 februari.

Hallmann, C.A. m fl. 2017. More than 75 percent decline over 27 years in total flying insect biomass in protected areas. *PLoS ONE 12:10.*

Hansen, J. 2017. Night Shift Work and Risk of Breast Cancer. *Current Environmental Health Report 4:3.*

Hart, A. 2018. The rise of astrotourism: Why your next adventure should include star-gazing. *The Telegraph*, 11 juli.

Harvard Health Letter. 2018. *Blue light has a dark side.* Harvard Health Publishing, Harvard Medical School.

Heinrich, B. 2014. *The Homing Instinct: Meaning & Mystery in Animal Migration*. Houghton Mifflin Harcourt.

Heintzenberg, F. 2013. *Nordiska nätter: djurliv mellan skymning och gryning*. Bio & Fokus Förlag.

Howard, J. 2019. These fish eggs aren't hatching. The culprit? Light pollution. *National Geographic*, 9 juli.

Hughes, H. C. 2001. *Sensory exotica. A world beyond human experience*. Bradford Books.

Hunt, R. 1849. *The Poetry of Science: Or, Studies of the Physical*

Phenomena of Nature. Reeve, Benham and Reeve.

Härdig, A. 2019. Myter om månen. *Populär Astronomi*, nr 1.

Hölker, F. m fl. 2010. Light pollution as a biodiversity threat. *Trends in Ecology & Evolution 25:12.*

Hölker, F. m fl. 2010. The dark side of light: a transdisciplinary research agenda for light pollution policy. *Ecology and Society 15:4.*

I mörkret med ... podcast: www.imorkretmed.se.

Interactive map of London's gas lamps: https://londonist.com/london/maps/an-interactive-map-of-london-s-gas-lamps.

International Dark Sky Association. 2012. *Fighting Light Pollution. Smart Lighting Solutions for Individuals and Communities*. Stackpole Books.

Irenius, L. 2019. Gläds åt mörkret – det är hotat. *Svenska Dagbladet*, 19 november.

Jabr, F. 2017. How Moonlight Sets Nature's Rhythms. *Smithsonian Magazine*, 21 jun.

Jechow, A. 2019. Observing the Impact of WWF Earth Hour on Urban Light Pollution: A Case Study in Berlin 2018 Using Differential Photometry. *Sustainability 11:3.*

Jechow, A. & Hölker, F. 2019. Snowglow – The Amplification of Skyglow by Snow and Clouds Can Exceed Full Moon Illuminance in Suburban Areas. *Journal of Imaging 5:69.*

Johannisson, K. 2009. *Melankoliska rum.* Albert Bonniers förlag.

Josefsson, L. 2019. Elegi över ett spinneri. *Göteborgs-Posten*, 10 oktober.

Jägerbrand, A.K. 2018. *LED-belysningens effekter på djur och natur med rekommendationer: Fokus på nordiska förhållanden och känsliga arter och grupper.* Calluna AB.

Jönköpings Läns Museum 2019. Konstverket SAMTAL.

Kafka, F. 2014 (nytryck). *Man hör varandra bättre i mörker: brev 1918–juni* Bakhåll.

Karlsson, B-L. m fl. 2002. No lunar phobia in swarming insectivorous bats (family Vespertilionidae). *Journal of Zoology 256:4.*

Kay, J. 2014. Nighttime Lights Reset Birds' Internal Clocks, Threatening Dawn's Chorus. *National Geographic*, 6 september.

Klarsfeld, A. 2013. At the dawn of chronobiology. *ESPCI ParisTech Neuro-biology Laboratory.*

Knop, E. 2017. Artificial light at night as a new threat to pollination. *Nature 548: 7666.*

Konstform, podcast. Avsnitt 14, Mörker.

Kronberg, K. m fl. 2018. *Minnet av Narva: Om troféer, propaganda och his- toriebruk.* Nordic Academic Press.

Krönström, J. 2009. *Control of Bioluminescence Operating the Light Switch in Photophores from Marine Animals.* Doktorsavhandling, Zoologiska institutionen, Göteborgs universitet.

Kunz, T. m fl. 2011. Ecosystem services provided by bats. *Annals of the New York Academy of Sciences 1223.*

Land, M.F. & Nilsson, D-E. 2002. *Animal Eyes. Oxford Animal Biology Series.* Oxford University Press.

Last, K.S. m fl. 2016. Moonlight Drives Ocean-Scale Mass Vertical Migration of Zooplankton during the Arctic Winter. *Current Biology 26.*

Lawal, S. 2020. Fireflies Have a Mating Problem: The Lights Are Always On. *New York Times*, 3 februari.

Leanderson, P. 2018. *Ljusföroreningar och mörkret som försvann.* Arbets- och miljömedicinbloggen, AMM Östergötland.

Light Pollution Map: www.lightpollutionmap.info.

Liljemalm, A. 2016. Utrotningshotat nattmörker. *Forskning & Framsteg*, 15 mars.

Longcore, T. & Rich, C. 2004. Ecological light pollution. *Frontiers in Ecology and the Environment 2:4.*

Luftfartsstyrelsens författningssamling. 2007. LFS 2007:50, Serie OPS. Utgivare: Byström Möller L.

Lundqvist, Å. 1990. Krönika. Dagens Nyheter, 21 december.

Lövemyr, A. 2018. *Att skapa plats för mörker och natthimlen: Belysning och människan i stadens nattlandskap*. SLU, Fakulteten för landskapsarkitektur, trädgårds-och växtproduktionsvetenskap.

Macgregor, C. J. m fl. 2015. Pollination by nocturnal Lepidoptera, and the effects of light pollution: A review. *Ecological Entomology 40.*

Macgregor, C. J. m fl. 2019. Effects of street lighting technologies on the success and quality of pollination in a nocturnally pollinated plant. *Ecosphere 10:1.*

Macgregor, C. J. m fl. 2019. Moth biomass increases and decreases over 50 years in Britain. *Nature Ecology and Evolution 3.*

Manríquez, P. H. m fl. 2019. Artificial light pollution influences behavioral and physiological traits in a keystone predator species, *Concholepas concholepas. Science of The Total Environment 661.*

Marsh, G. P. 1864. *Man and Nature: Or, Physical Geography as Modified by Human Action.* New York, Charles Scribner 124 Grand Street.

Martini, S. & Haddock, S. 2017. Quantification of bioluminescence from the surface to the deep sea demonstrates its predominance as an ecological trait. *Sci Rep 7, 45750.*

Martinson, H. 1953. Cikada.

McCarthy, D. D. & Seidelmann, K. P. 2018. *Time: From Earth Rotation to Atomic Physics.* Cambridge University Press.

McConnell, A. 2010. Effect of artificial light on marine invertebrate and fish abundance in an area of salmon farming. *Marine Ecology Progress Series 419.*

McGrane, S. 2017. The German Amateurs Who Discovered Insect Armageddon. *New York Times*, december.

McMenamin, M. A. S. 1998. *The Garden of Ediacara.* Columbia University Press.

Meravi, N. & Kumar, S. 2020. Effect street light pollution on the photosynthetic efficiency of different plants. *Biological Rhythm Research 51.*

Merritt, D. J. & Clarke, A. 2012. The impact of cave lighting on the bioluminescent display of the Tasmanian glow-worm *Arachnocampa tasmaniensis. Journal of Insect Conservation 17:1.*

Milosevic, I. & McCabe, E. 2015. *The Psychology of Irrational Fear.* Greenwood.

Moore, M.V. 2000. Urban light pollution alters the diel vertical migration of Daphnia. *SIL Proceedings 27.*

Morris, H. 2017. The casino light beam that's so bright it has its own ecosystem (and pilots use it to navigate). *The Telegraph*, 24 augusti.

Murakami, H. 2011. *1Q84, del 1–3.* Norstedts.

Musila, S. m fl. 2019. No lunar phobia in insectivorous bats in Kenya. *Mammalian Biology 95.*

Mårtenson, J. & Turander, R. 2007. *Kungliga Djurgården.* Wahlström & Widstrand.

Nagel, T. 1974. What Is It Like to Be a Bat? *The Philosophical*

Review 83:4.

Netflix. 2020. *Night on Earth.*

Nichols, C. A. & Alexander, K. 2018. Creeping in the night: What might ecologists be missing? *PLoS ONE 13:6.*

Nilsson, D.-E. 2012. Havsmonstrets vakande öga. *Forskning & Framsteg*, 7 augusti.

Nobelförsamlingens pressmeddelande för Nobelpriset i fysik 2014.

Nobelförsamlingens pressmeddelande för Nobelpriset i fysik 2019.

Nobelförsamlingens pressmeddelande för Nobelpriset i fysiologi eller medicin 2017.

Noche Zero: https://lightcollective.net/light/ing/noche_zero.

Nordstrand, M. 2009. Stökigt med fullmåne. *Örnsköldsviks Allehanda*, 7 augusti.

Nygren, A. m fl. 2017. Nationalnyckeln till Sveriges flora och fauna. Ringmaskar: Havsborstmaskar, Annelida: Polychaeta: Aciculata. ArtDatabanken, SLU, Uppsala.

Nyström, J. 2018. Koralldöden har blivit fem gånger värre. *Forskning & Framsteg*, 4 januari.

Owens, A.C.S. m fl. 2020. Light pollution is a driver of insect declines. *Biological Conservation 241* (förpublicerad online november 2019).

Pape Møller, A. 2019. Parallel declines in abundance of insects and insectivorous birds in Denmark over 22 years. *Ecology and Evolution 9:11.*

Perry, G. m fl. 2008. Effects of night lights on urban reptiles and amphibians. *Herpetological Conservation 3.*

Pettit, H. (& Agence France-Presse). 2017. Elephants threatened by poachers are evolving to become nocturnal so they can travel safely at night. *Daily Mail*, 13 september.

Pinzon-Rodriguez, A. m fl. 2018. Expression patterns of cryptochrome genes in avian retina suggest involvement of Cry4 in light-dependent magnetoreception. *Journal of the Royal Society 15: 140.*

Pixar. 2003. *Hitta Nemo.*

Professor Magenta, podcast. Avsnitt 7–9, Mörkertrilogin.

Pulgar, J. m fl. 2019. Endogenous cycles, activity patterns and energy expenditure of an intertidal fish is modified by artificial light pollution at night (ALAN). *Environmental Pollution 244.*

Raap, T. m fl. 2015. Light pollution disrupts sleep in free-living animals. *Scientific Reports 5: 13557.*

Restaurang Svartklubben: http://svartklubben.com.

Riccucci, M. & Rydell, J. 2017. Bats in the Florentine Renaissance: from darkness to enlightenment. *Lynx 48.*

Riccucci, M. 2008. Lazzaro Spallanzani. *Bat Research News 49:4.*

Rich, C. & Longcore, T. 2006. *Ecological Consequences of Artificial Night Lighting.* Island Press.

Romanes, G. R. 1883. *Mental Evolution in Animals. With a*

Posthumous Essay on Instinct by Charles Darwin. Cambridge University Press.

Russ, A. m fl. 2015. Seize the night: European Blackbirds (*Turdus merula*) extend their foraging activity under artificial illumination. *Journal of Ornithology 156*.

Rybnikova, N. & Portnov, B. A. 2018. Population-level study links short-wavelength nighttime illumination with breast cancer incidence in a major metropolitan area. *Chronobiology International 35:9*.

Rydell, J. m fl. 2020. Dramatic decline of northern bat *Eptesicus nilssonii* in Sweden over 30 years. *Royal Society Open Science 7:2*.

Rydell, J. m fl. 2017. Age of enlightenment: long-term effects of outdoor aesthetic lights on bats in churches. *Royal Society Open Science 4:8*.

Rångtell, F. 2019. *If only I could sleep – maybe, I could remember.* Institutionen för neurovetenskap, Uppsala universitet.

Salleh, A. 2015. Light pollution delays wallaby reproduction and puts joeys at risk. *ABC News*, 30 september.

Sánchez-Bayo, F. & Wyckhuys, K. A. G. 2019. Worldwide decline of the entomofauna: A review of its drivers. *Biological Conservation 232*.

Sandberg, S. 2019. *Mørke – stjerner, redsel og fem netter på Finse*. Samlaget.

Santos, C. D. 2010. Effects of artificial illumination on the nocturnal foraging of waders. *Acta Oecologica 36:2.*

Saving Nemo Conservation Fund: www.savingnemo.org.

Scharping, N. 2018. Why China's artificial moon probably won't work. *Astronomy*, 26 oktober.

Schoppert, S. u.å. *Emerging from the Darkness: 9 Creation Myths from Different Cultures.* History Collection.

Segedin, K. 2016. *Every turtle featured in harrowing Planet Earth II segment was saved.* BBC Earth.

Sempler, K. 2009. Den märkliga manicken från Antikythera. *Ny Teknik*, 3 mars.

Sempler, K. 2018. När Stockholm fick elektriskt ljus. *Ny Teknik*, 4 februari.

Singhal, R.K. m fl. 2019. Eco-physiological Responses of Artificial Night Light Pollution in Plants. *Russian Journal of Plant Physiology 66.*

Škvareninová, m fl. 2017. Effects of light pollution on tree phenology in the urban environment. *Moravian Geographical Reports 25:4.*

SMHI Kunskapsbank: https://www.smhi.se/kunskapsbanken.

Smith, M. 2009. Time to turn off the lights. *Nature 457:27.*

Solly, M. 2019. Swarms of Grasshoppers Invading Las Vegas Are Visible on Radar. *Smithsonian Magazine*, 30 juli.

Sperling, N. 1991. The disappearance of darkness. In: Crawford L. *Light pollution, radio interference, and space debris.* 17. San

Francisco, CA: Astronomical Society of the Pacific Conference Series.

Stagnelius, E. J. 2016. Vän! I förödelsens stund. Modernista. (Elektronisk resurs).

Steinbach, R. 2015. The effect of reduced street lighting on road casualties and crime in England and Wales: controlled interrupted time series analysis. *Journal of Epidemiology & Community Health 69:11.*

Stevens, R. G. 2016. What rising light pollution means for our health. BBC Future.

Stone, T. 2017. Light Pollution: A Case Study in Framing an Environ-mental Problem. *Ethics, Policy & Environment 20:3.*

Stone, T. 2018. The Value of Darkness: A Moral Framework for Urban Nighttime Lighting. *Science Engineering Ethics 24.*

Strindberg, A. 1884. *Om det allmänna missnöjet, dess orsaker och botemedel.* Albert Bonniers förlag.

Strömdahl, H. 2015. Candela – grundenheten för grundstorheten ljus-styrka. *Kemivärlden Biotech med Kemisk Tidskrift nr 2.*

Svensson, A. M. & Rydell, J. 1998. Mercury vapour lamps intefere with the bat defence of tympanate moths (*Operophtera* spp.; Geometridae). *Animal Behaviour 55:1.*

Svensson, A. M. m fl. 2002. Avoidance of bats by water striders (*Aquarius najas*, Hemiptera). *Hydrobiologia 489.*

Svensson, P. 2019. *Ålevangeliet: berättelsen om världens mest gåtfulla fisk*. Albert Bonniers Förlag.

Sveriges Radio P1. 2015. Vem äger mörkret? *Vetenskapsradion Klotet*, 19 augusti.

Sveriges Radio P1. 2017. Så påverkas naturen av allt mer ljus. *Natur-morgon*, 30 december.

Sveriges Radio P1. 2019. Fysikpristagaren Peebles tog fram universums recept. *Vetandets värld*, 5 december.

Sveriges Radio P1. 2019. Utflykter i natten - och älgar som far illa av varma somrar. *Naturmorgon*, 30 november.

Sveriges Radio P4 Sjuhärad. 2018. *Ljuset är nästa miljökatastrof*, 9 januari.

SVT Nyheter. 2011. Mångalen? – Inte så galet, 11 november.

SVT Nyheter. 2019. Upplysta städer knäcker nattdjur, 8 juli.

Söderström, B. 2016. *Hur tänker din katt?* Bonnier Fakta.

Tanizaki, J. 1998. *Till skuggornas lov*, nyutgåva. ellerströms förlag.

The Fish Report. 2018. Some Like It Dark: Light Pollution and Salmon Survival, 4 juni.

The Nobel Prize Nomination Database: www.nobelprize.org/nomination/redirector/?redir=archive.

Thomson, G. 2005. *Encyclopedia of Religion. Light and Darkness*. Macmillan Reference.

Tidskriften Pilgrim. 2009. nr 1.

Touzot, M. m fl. 2019. Artificial light at night disturbs the activity and energy allocation of the common toad during the breeding period. *Conservation Physiology 7:1.*

Tracy Aviary: https://tracyaviary.org.

Tycho Brahe-museet: www.landskrona.se/se-gora/kultur-noje/museer-ochkonsthall/tycho-brahe-museet.

Tähkämö, L. m fl. 2018. Systematic review of light exposure impact on human circadian rhythm. *Chronobiology International 36:2.*

Van Doren, B. M. m fl. High-intensity urban light installation dramatically alters nocturnal bird migration. *Proceedings of the National Academy of Sciences 114.*

van Langervelde, F. m fl. 2018. Declines in moth populations stress the need for conserving dark nights. *Global Change Biology 24:3.*

Vogel, G. 2017. Where have all the insects gone? *Science Magazine*, 10 maj.

Voigt, C. C. m fl. 2018. Guidelines for consideration of bats in lighting projects. EUROBATS *Publication Series No. 8. UNEP.*

Wallace, D. R. 2004. *Beasts of Eden. Walking whales, dawn horses, and other enigmas of mammal evolution.* University of California Press.

Westerdahl, C. 1982. Kulturhistoria och grottor. *Svenska grottor nr 5.* Sveriges Speleologförbund.

Wheeling, K. 2015. Artificial light may alter underwater

ecosystems. *Science Magazine*, 28 april.

Whyte, C. 2019. Light pollution's effects on birds may help to spread West Nile virus. *New Scientist*, 24 juli.

Winger, B.M. m fl. 2019. Nocturnal flight-calling behavior predicts vulnerability to artificial light in migratory birds. *Proceedings of the Royal Society B 286.*

Wistrand, S. 2015. Eugène Jansson – inte bara blåmålare. *Kulturdelen*, 26 juni.

Witherington, B.E. m fl. 2014. Understanding, Assessing, and Resolving Light-Pollution Problems on Sea Turtle Nesting Beaches. Florida Fish and Wildlife Conservation Commission, *Technical Report TR2.*

Wright Jr, K.P. m fl. 2013. Entrainment of the Human Circadian Clock to the Natural Light-Dark Cycle. *Current Biology 23.*

Zachos, E. 2016. Too Much Light at Night Causes Spring to Come Early. *National Geographic*, 28 juni.

Zdanowicz, C. 2019. *Hordes of grasshoppers have invaded Las Vegas.* CNN, 27 juli.

Zhang, Z. 2020. Man-made moon to shed light on Chengdu in 2020. *China Daily*, 19 oktober.

Zubidat, A.E. & Haim, A. 2017. Artificial light at night. A novel lifestyle risk factor for metabolic disorder and cancer morbidity. *Journal of Basic and Clinical Physiology and Pharmacology 28:4.*

译后记

重建我们与世界的古老联结，从黑夜开始

但凡来上海旅游的外地游客，都不愿错过著名的外滩灯光秀。每晚 7 点钟（冬季为 5 点钟），外滩都会迎来涌动的人群。沿岸的万国建筑群被灯光照亮，黄浦江对岸陆家嘴的摩天大楼霓虹灯闪烁，布满楼群外立面的大型 LED 屏幕上各种广告和数字媒体艺术争奇斗艳。当灯光排列出的“侬好，上海”字样出现在全球最高建筑之一上海大厦外立面的瞬间，人群中总会情不自禁地爆发出热烈的赞美声。有时，我沿黄浦江跑步来到外滩，正巧与这番情景相遇，那一刻，作为在这座国际大都市生活了十多年的“新上海人”，喜悦与骄傲油然而生。灯光代表着财富与进步，更多的灯光代表着更大的财富和不断的进步。外滩的璀璨灯光秀被视作上海的灵魂夜景，是“魔都”百余年的历史与奋进的当代交织而成的城市交响曲。

在没有阅读和翻译瑞典生物学家、蝙蝠研究专家约翰·埃克洛夫的畅销书《黑夜宣言》之前，虽然“光污染”这个词对我并不完全陌生，但我似乎没有把外滩灯光秀的绚丽夺目与我

们居住的星球上越来越罕见的真正黑夜直接关联起来，也没有想过被电力改造了的现代人类社会同时也对这个星球上的其他物种的生死存亡构成重大威胁；更令我感到惭愧的是，我其实很少认真思考黑夜，这个与宇宙年龄一样古老的自然节律存在的意义，极少想到穿透夜色的手机蓝光与自身睡眠和健康的关系，楼梯口刺眼的白炽灯与误入灯光的飞蛾的关系，海滨酒店五彩缤纷的墙灯与找不到大海的小海龟的关系，以及看不见银河系的夜空与迷失方向的夜行候鸟的关系……

然而，宇宙间的一切都是相互关联的。我们需要黑夜，就如同需要空气和水，倘若不能善待黑夜，等待我们的就会是同气候变化、物种灭绝、环境恶化等同样严重的生态危机，失去黑夜的地球会用最直接的方式即刻表现出对人类生理和心理健康的危害。围绕人类对光明的追求与自然界对黑暗的渴望两难之间娓娓展开的叙述，是约翰·埃克洛夫的《黑夜宣言》邀请我们共同探索的真相。

埃克洛夫是一位蝙蝠研究专家，他的工作为他打开了和蝙蝠一样神秘的黑夜王国，从飞鸟到昆虫，从地面植物到海洋生物，从他居住的瑞典西部城市哥德堡的冬季迟迟不落叶的街边树，到美国拉斯维加斯赌场房顶上安装的、可穿透 70 公里以外夜空的、全世界最强的天空灯柱；从宇宙初始的暗物质、流星雨和夜空，到 5.4 亿年前第一个可以看见的地球生命……《黑夜宣言》以一种贯通全方位知识和信息的百科全书式写法铺展开来，溯源黑暗作为观念的生成，作为知识的演变，作为生命存在的方式，目的直指黑暗对于我们星球的重要意义。从宇宙观的宏大叙事回归到与我们息息相关的生活细节中，埃克洛夫将专业知识、哲学思考融合到艺术体验、美学感受中，最终又从一段个人叙事牵引出一个国家的地质演变和经济发展历史。作为一位科学写作者，书中涉及的知识面之广泛，内容之丰富，展现了一名当代学者在严谨学术与普及知识之间交替闪烁的智慧星光和浪漫情怀。毕竟，本书的主题，关于认识黑暗的意义和如何保护大自然的古老节律，召唤着我们每个人的义务和行动。

通过埃克洛夫的描绘，我们了解到大自然中如此丰富的奇妙运动，例如本书第二章第 16 节写到的地球上最大规模的生物迁徙——每天晚上，数以百万计的水生物浮出水面，又在黎明时分慢慢沉入水底。这一系列整齐划一的迁徙完全受控于地球自转和昼夜变化，而这一切都默默地发生在地球上大多数人类处于睡眠状态的黑夜中。自然造化带给我们的“惊讶感”，提醒我们一直以来以人类为中心的认知多么狭隘。正是因为作者试图排除这种长期以来人类固有的傲慢，他才满怀激情地将自己在大自然中观赏到的壮观景象细腻地描述给我们：栖居在古老教堂里的蝙蝠家族在夜空中的优雅飞翔，成年蝙蝠对幼崽的呵护，年复一年回到同一个地方的恋家情怀；飞蛾在草地上闪动着银白色翅膀的交配舞蹈，或者失去同伴的飞蛾在草地上的孤独表演……光污染正在造成世界昆虫生物量锐减，而人类感兴趣的只是如何灭虫。作为一名蝙蝠研究专家，面对自然界中最缺乏自我保护能力的昆虫界，埃克洛夫以悲悯之心承担了它们的代言人的重责，这也是本书的另一个重要意义。

在翻译本书的过程中，我的思绪跟随着埃克洛夫的知识输出被带向星辰大海、宇宙太空，这是一场奇妙的地理旅行，而为我们领航的视角来自蝙蝠、昆虫、珊瑚、彗星、流星雨……这也是一场感人的时间旅行，不断将我带回在瑞典生活的美好时光。和埃克洛夫书中写到的祖父留给他们的湖边小木屋一样，我先生家中也有前辈留给他们的一处林中小屋。每每从中国回到瑞典，来到这座位于瑞典北方森林湖畔的老房子时，我都会有种被那从天而降的寂静瞬间石化的感觉。国内如同永动机般不停的沸腾生活，在与眼前的亘古森林对视的刹那便停顿了下来，万物方静，一切皆因天全。也是在这座林中小屋，夜晚行至湖边，皓月当空，仿佛用肉眼都可以看得清楚月亮表面的沟壑。这奇妙之感，又将我带回小时候，父亲第一次带我去内蒙古草原。跟在他被月亮照耀留在身后的暗影行夜路时，回望天上的满月，那纯净无比的天体开始在我的眼里变大、变大，似乎要吞没整个夜空……

恐惧由好奇产生，对世界的好奇让我们保持敬畏之心，黑暗中有我们尚未认知的生命。瑞典诗人、诺贝尔文学奖得主托马斯·特朗斯特罗姆（Tomas Tranströmer）用静默如谜的文字，道出了我们与自然唇齿相依的共生关系。在技术日趋进步且地球危机四伏的今天，重建我们与世界的古老联结，从黑夜开始。

桤木小屋的岸
写着“电缆”的牌子，
古老的石楠
为飞奔而来的人闪烁。

礁石后斑斓的田野，
我们的前哨——
稻草人在召集色彩。

一个明亮如故的惊讶：
岛伸来一只手，
把我从哀伤中捞起。

——托马斯·特朗斯特罗姆《当我们重见岛屿的生活》

王凯梅

2025 年 5 月